A Study on the Reform of New Types of Rural
Financial Institutions under Different Paths

不同路径选择下我国新型农村
金融机构改革绩效研究

安　翔／著

中国财经出版传媒集团

经济科学出版社
Economic Science Press

图书在版编目（CIP）数据

不同路径选择下我国新型农村金融机构改革绩效研究／
安翔著 . —北京：经济科学出版社，2020.12
ISBN 978 - 7 - 5218 - 2170 - 3

Ⅰ. ①不…　Ⅱ. ①安…　Ⅲ. ①农村金融 - 金融机构 -
金融改革 - 研究 - 中国　Ⅳ. ①F832.35

中国版本图书馆 CIP 数据核字（2020）第 245111 号

责任编辑：杜　鹏　郭　威
责任校对：郑淑艳
责任印制：邱　天

不同路径选择下我国新型农村金融机构改革绩效研究

安　翔/著

经济科学出版社出版、发行　新华书店经销

社址：北京市海淀区阜成路甲 28 号　邮编：100142

编辑部电话：010 - 88191441　发行部电话：010 - 88191522

网址：www. esp. com. cn

电子邮箱：esp_bj@ 163. com

天猫网店：经济科学出版社旗舰店

网址：http://jjkxcbs. tmall. com

固安华明印业有限公司印装

710×1000　16 开　10.25 印张　180000 字

2021 年 9 月第 1 版　2021 年 9 月第 1 次印刷

ISBN 978 - 7 - 5218 - 2170 - 3　定价：59.00 元

目　　录

第1章 导 论

农业、农村和农民问题从根本上影响着中国社会与经济的稳定发展及现代化进程。中共中央在 1982～1986 年连续五年发布以农业、农村和农民为主题的中央一号文件，对农村改革和农业发展作出具体部署。2004～2018 年又连续十五年发布以"三农"为主题的中央一号文件，强调解决"三农问题"在中国的社会主义现代化时期"重中之重"的地位。

1.1 研究的背景与意义

党的十九大报告中提出要"深化金融体制改革，增强金融服务实体经济能力，提高直接融资比重，促进多层次资本市场健康发展。健全货币政策和宏观审慎政策双支柱调控框架，深化利率和汇率市场化改革。健全金融监管体系，守住不发生系统性金融风险的底线。"[①] 其中，农村金融制度作为农村经济发展中最为重要的资本要素配置制度，无疑已成为农村经济改革中的重点。目前我国已对中国农业银行、农业发展银行、农村信用社等多种涉农金融机构进行了一系列的改革。2006 年银监会发布了《关于调整放宽农村地区银行业金融机构准入政策，更好支持社会主义新农村建设的若干意见》，目标是支持农村建设，组建村镇银行、贷款公司和农村资金互助社等三类新型农村金融机构。截至 2017 年末，全国共组建新型农村金融机构 10213 家，其中村镇银行 1601 家，资产规模约 1.4 万亿元，负债总额为 1.23 万亿元，年末贷款余额为 8279.8 亿元，高于银行业整体平均值 5.5 个百分点。村镇银行

---

① 摘自《决胜全面建成小康社会夺取新时代中国特色社会主义伟大胜利——在中国共产党第十九次全国代表大会上的报告》，2017 年 10 月 18 日。

县（市、旗）覆盖率达68%，覆盖了416个固定贫困县和连片特困地区县。[①]
贷款公司13家，农村资金互助社48家，小额贷款公司8551家。[②] 这些农村
金融机构主要分布在农业占比高于全国平均水平的县域、中西部地区、金融
机构网点覆盖率较低的县域，包括贫困县和中小企业发展活跃的县域。新型
农村金融机构80%的贷款投向"三农"和小微企业。

本书的研究对象是在此次农村金融改革中成立的新型农村金融机构，包
括村镇银行、小额贷款公司，以及由农村信用社改制的农村商业银行和依然
保有信用合作制的农村信用社及省级联合社。[③]

研究目的与意义是通过对我国新型农村金融机构改革绩效的测算与评价，
回顾金融改革历史，探求农村金融改革的规律性认识。这既是金融体制改革
和战略调整的客观需要，也是将新时代改革进行到底的现实需求，更是促进
农村经济发展的必然要求。

评价指标的选取标准和依据是主要采用反映新型农村金融机构经营绩效
的财务指标，该指标相对更加客观、真实、有效。并且新型农村金融机构自
身经营状况良好才能更好地满足农村经济主体对金融服务的需求，有效促进
当地"三农"的发展。因此本书中更多地采用"经营绩效"概念反映改革绩
效成果。

1.2　研究的主要内容与基本观点

本书最初试图通过对样本地区不同路径选择下新型农村金融机构内、外
部经营绩效的实证研究，总结我国农村金融改革的实践经验及农村金融改革
的模式选择与治理机制。但在研究过程中发现，由于各类农村金融机构的发
起人不同、公司治理结构不同、业务种类和经营范围不同、监管机构不同等，
无法归纳总结出适用所有类型的、普遍的、规律性的结论。因此将研究方法
进行微调，主要研究内容分为以下四个部分。

---

① 资料来源于中国银行业监督管理委员会2017年年报。

② 6月底农商行数量1311家上半年新增49家 [OL]. 新京投网，https://www.bjnews.com.cn/detail/155153200014357.html.

③ 洪正. 新型农村金融机构改革可行吗？——基于监督效率视角的分析 [J]. 经济研究，2011，46 (2)：44-58.

1.2.1　研究内容

第一，对农村信用社的改革绩效进行研究。运用泰尔指数法，主要对区域间和区域内省际间农村信用社改革绩效差异进行比较分析与综合评价，并通过对我国农村普惠金融业务开展最为成功、辐射面最广的浙江省农村信用联合社的实地调研，学习借鉴其成功经验与做法。

第二，作为农村金融市场供给主体的农村商业银行，由农村信用社和农村合作银行改制组建而成，为保证观测的连续性，也需对其改革绩效进行研究。鉴于样本数量的限制，本书运用灰色关联法，在分析区域经济发展差异的基础上，对不同区域农村商业银行的改革绩效进行比较，并提出相关对策建议。

第三，对新成立的村镇银行的改革绩效，运用数据包络分析法（DEA）两阶段交叉效率模型进行实证研究，并通过对天津武清村镇银行和天津津南村镇银行的采访调研，运用案例分析法加以佐证。

第四，对小额贷款公司改革绩效，运用数据包络分析法（DEA）两阶段交叉效率模型进行实证研究，并通过对天津市西青区六家小额贷款公司的实地调研，采用案例分析法加以佐证。

1.2.2　研究结论

第一，由于我国不同区域经济发展水平和政策扶持力度不同，反映在农村信用社改革绩效上的表现为：西部地区最高；东部地区次之，且省际间差异增大；东北地区各项指标在连续11年的观测期中波动幅度较大；中部地区表现最差，呈现"坍塌"现象。

第二，从合作制改为股份制的农村商业银行改革绩效分析，却呈现完全不同的情形：经营绩效总体水平最高的是中部地区的湖北武汉农村商业银行，其盈利能力、发展潜力都是最高的。其次是东部地区的广州农村商业银行。西部地区农村商业银行在安全性和流动性方面较好，但盈利能力和可持续发展能力排名最后。

第三，村镇银行的改革绩效也表现为设址在中西部的高于东部地区村镇银行。另外，注册资本越大，交叉效率值越高；机构网点数量越多，村镇银行的绩效也越好；并且，发起行是农村金融机构的村镇银行绩效较高，同时具备良好的风险控制能力。

第四，小额贷款公司的改革绩效也表现出类似农村商业银行和村镇银行的情形：中西部小额贷款公司的改革绩效优于东部地区；另外设址在市区的小额贷款公司的绩效显著优于县域；国有集体参股的小额贷款公司绩效也呈现上升趋势。但是总体来看，小额贷款公司的绩效都处于较低水平。

通过研究发现：在经济发达的东部地区，金融深化程度较高，中资大、中型银行和其他金融机构及产品已渗透到社会生活的各个领域，新型农村金融机构生存空间狭窄，改革绩效相对中部地区较低。同理，以服务于弱势群体的合作制这种产权组织形式的农村信用社，相较其他新型农村金融机构，其改革绩效表现依然是西部欠发达地区最高。

1.2.3　对策建议

第一，在经济发展相对落后的中西部地区，农村金融机构的改革还是应该以发展合作金融，满足农村地区的基本资金需求为主，秉持"服务三农"的根本理念。根据合作制原则，切实维护农户利益，建立区域特色的改革方针和激励机制，真正满足农民的需要，拉动经济增长。

一直走在中国改革前列的浙江省，农村信用社系统在完善农村信用体系建设、拓宽担保种类、发放信用贷款，借助金融科技的力量、助力普惠金融发展等方面提供了浙江改革的经验，贡献了农村信用社的力量。

第二，从实证研究得出的数据进行分析，东部地区农村商业银行盈利能力较好，中间业务收入占比较高，但不良贷款率也持续升高，安全性和流动性指标表现较差。因此提高风险控制水平，建立金融风险预警系统，防范出现系统性金融风险，成为目前需要密切关注和采取切实有效举措的关键问题。

第三，从实证研究得出的数据进行分析，我国中西部地区村镇银行的经营绩效明显高于东部，反映出村镇银行在与其他商业银行实行错位竞争的形势下，在中西部金融供给不足的地区，村镇银行的发展空间反而更大。当然由于受到经营属地的限制，区域性风险会放大，贷款集中度等风险也更难以控制。所以在提高经营绩效的同时更应提高资金的安全性、流动性，发挥主发起行优势，鼓励农村金融机构参与，引导民间资本投向村镇银行。

第四，小额贷款公司的改革绩效，依然呈现出中西部地区整体优于设址在东部地区的小额贷款公司；国有集体参股的小额贷款公司在盈利能力上表现更优。因此鼓励国有集体资本积极参股，提升小额贷款公司的资源利用率，优化资产结构，使其产权多元化，并依靠国有集体资本参股降低经营成本和股权集中度，提高整体经营效率。

同时，针对网络小贷公司风险接连爆发问题，暂停批设网络小贷公司，确定以银保监会为主体，结合相关部门严格审查控制经营风险，消除监管滞后，遏制盲目扩张，严格控制非法谋取暴利，实现小额信贷业务和风险管理标准化，提高金融服务能力，突出互联网小贷的便利性和普惠性。

1.3　研究的基本思路与框架设计

基于本书以上研究内容，技术路线设计如图 1.1 所示。

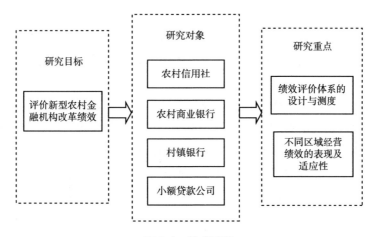

图 1.1　技术路线

1.4　主要研究方法

为了达到上述研究目标，本书采用理论研究和实证研究相结合、定量分析与定性分析相结合的研究方法，对新型农村金融机构的改革绩效进行了深入分析。具体方法包括以下几种。

（1）问卷调查法。选择具有代表性的天津市西青区六家小额贷款公司，通过实地走访、发放调查问卷，获取大量第一手资料和相关数据。

（2）灰色关联法、泰尔指数法、数据包络分析法（DEA）两阶段交叉效率模型、比较分析法。对发展时间短、数据不符合正态分布的农村商业银行经营绩效，采用灰色关联法进行分析；在对我国四大区域农村信用社经营绩效的差异及其内部差异演变的分析研究中采用泰尔指数法；对村镇银行和小额贷款公司改革绩效的研究采用数据包络分析法（DEA）两阶段交叉效率模型及比较分析法。

（3）典型案例分析法。通过对浙江省农信联社、天津武清村镇银行、天津津南村镇银行的典型案例研究，对其改革绩效进行全面的分析与评价，从微观层面揭示国家宏观政策效应。

1.5 研究的重点与可能的创新

第一，在对新型农村金融机构改革的最新发展进行跟踪调研的基础上，对四类农村金融机构改革绩效评价指标体系的设计和测度是本书研究的一个重点和难点问题。

目前对于金融机构绩效评价指标体系的构建，学者们有着不同的看法和理解。具有代表性的有以下几种：20 世纪 90 年代世界银行的经济学家从储蓄向投资转化以及信贷投放效率方面提出的衡量宏观金融效率的评价指标体系；沈军（2006）构建的包括微观层面的金融效率、金融适应率和金融渗透率三个维度的评价指标体系；辛念军（2006）通过直接金融和间接金融两个视角构建的分层次指标体系；周国富、胡慧敏（2007）提出的从储蓄动员、储蓄投资转换和投向三个维度构建的评价指标体系。

由于各类农村金融机构的发起人不同、公司治理结构不同、业务种类和经营范围不同、监管机构不同等，因此评价农村金融机构改革绩效指标体系的选择有着特殊性，很难归纳总结出适用所有类型的、普遍的、规律性的方法，只能分类进行研究。

第二，在研究视角的选取方面，由于历史地理等因素，以及政府差异化区域经济发展政策和国家金融制度的区别安排，导致我国区域经济发展水平呈现较大差异。对农村信用社和农村商业银行改革绩效的研究是分区域、以农村经济发展呈现较大差异为前提进行的比较研究。得出的结论也是具体的、分区域呈现出不同的特征与适应性。这是本书第二个研究重点及可能的创新。

第三，在研究方法上，对村镇银行和小额贷款公司改革绩效的研究，采用的是数据包络分析法两阶段交叉效率模型，该研究方法相较经典数据包络分析法的改进体现在：弥补了经典 DEA 模型不能对决策单元进行细分以及优劣排序的缺陷，交叉效率模型能在经典 DEA 模型的基础上做出优化，对决策单元给出优劣排序评价，从而更加直观地判断村镇银行和小额贷款公司的绩效水平；该评价体系弱化了经典 DEA 模型相对效率测度结论的极端性：自评乘子体系易夸大被评价单元在某些投入与产出上的长处、规避其在另一些投入与产出上的短处，从而导致不符合实际的效率测度结果，交叉效率模型能够有效地对决策单元做出客观评价；以交叉效率与两阶段模型的融合作为突破口，两阶段交叉效率模型考虑了金融机构经营模式的复杂性，可以从金融机构内部多个角度对其改革绩效做出分析，从而对金融机构做出一个比较全面的评价。将该研究方法应用到村镇银行和小额贷款公司改革绩效的评价中，是本书第三个研究重点。

上述三点成为本书的研究重点及可能的创新与突破。

希望通过我们五年来坚持不懈地深入研究与实地采访调研，使四大类新型农村金融机构的改革绩效、存在的问题与困境、改进的措施与相应政策建议能得以科学、系统地呈现。为实现农村金融服务乡村振兴战略、新型农村金融机构支持农村振兴发展的方式和路径选择提供有力的理论依据和现实指导。

第 2 章　农村信用社改革绩效研究：
基于区域经济差异的泰尔指数法

2.1　研究的背景与意义

始于 2003 年的农村信用社改革，着重关注的是产权制度和管理模式的选择，"各地可以根据情况进行股份制改造，也可以比照股份制的原则和做法实行股份合作制，或进一步完善合作制。"① 根据银保监会公开发布的数据可知，注册资本决定法人治理结构的选择；产权结构上已通过行政手段完成省级联社的成立以及隶属关系的改变，在农村信用社的组织形式上有合作银行、股份制商业银行，或者是以县（市）为一级法人的农村信用社和县、乡两级法人的农村信用社体制。

在农村信用社改革试点方案中，中央政府的政策扶持力度起着关键作用，主要作用于对历史积淀包袱的处置、税收减免或补助、存贷款利率的适度宽松、不良资产的置换方案以及机构再贷款的融资等方面。

历史包袱主要包括三个方面：一是农村信用社与农业银行（以下简称农行）拆分后，农行遗留下未收回的高风险贷款；二是接收农村合作基金会清理后的遗留贷款；三是为实行保值储蓄至今仍挂账的贴补利息。除此之外，还有关于政府财政方面造成的历史包袱，这是由于当地财政开支不足以垫付的款项、乡镇企业或乡村政府的负债等，最终无法收回累计成为不良资产。对此，农村信用社改革加大了对历史包袱的处理力度，一方面是对试点地区

---

① 2003 年 7 月出台的《深化农村信用社改革试点方案》（15 号文）和 2004 年 1 月出台的《中共中央　国务院关于促进农民增加收入若干政策的意见》（一号文件）中关于"改革和创新农村金融体制"的建议。

的农村信用社给予减免税的政策扶持。从 2003 年 1 月 1 日起到 2005 年底，分地区给予试点的信用社相应的政策扶持，在西部地区一律暂免征收企业所得税，在其他地区一律按其应纳税额减半征收企业所得税，自 2003 年 1 月 1 日起，对试点地区的信用社征收营业税按 3% 的税率（农村商业银行税率为 5%，其他商业银行的税率是 6%）。另一方面是对试点地区的亏损信用社给予补贴，尤其是因执行国家宏观政策开办保值储蓄而多支付的保值贴补息。具体办法是"由财政部核定 1994～1997 年亏损信用社实付保值贴补息数额，由国家财政分期予以拨补"。

除此之外，按照 2002 年底的实际资不抵债数额的 50%，中国人民银行对农信社不良贷款的置换，主要安排专项再贷款或发行专项票据，这将花费 380 亿元的资金①。根据银保监会的公告所示，国家计划投入 1500 亿元用于解决农村信用社的不良贷款问题②。

在利率方面，对农村信用社的改革也进行了相应的规定。灵活的利率政策可以在民间借贷比较活跃的地方实施。例如在基准贷款利率的 1～2 倍范围内上下浮动的灵活的贷款利率政策。即"对农户小额信用贷款利率不上浮，个别风险较大的可小幅（不超过 1.2 倍）上浮，对受灾地区的农户贷款还可适当下浮"的政策。2002 年 3 月 12 日在浙江、福建、内蒙古、吉林、黑龙江五个省（自治区）的八个农村信用社首次展开农村信用社利率浮动的试点工作，当时规定农信社被允许 30% 的存款利率浮动范围，100% 的贷款利率浮动范围。随着试点工作的开展，取得了一定成果后，试点工作的范围才开始扩大到八个省份。

农村信用社改革取得的显著成果表现为，初期在江苏地区的农村信用社 1999 年亏损额高达 8.8 亿元，到 2001 年就下降到了 1.8 亿元，亏损额减少了 7 亿元③。经历强化管理阶段和深化改革阶段，2003 年 12 月，银监会公布全国有 17 个省份的农村信用社转亏为盈，结束了自 1994 年持续九年亏损的局面④。从 2003～2018 年经过 15 年的改革，全国农信社系统的净资产由 -132 亿元达到 20228 亿元，改革前 2020 年的不良贷款率高达 36.9%，2016 年仅

---

①　8 省市方案获国务院批准　深化农信社改革试点进入实施阶段［OL］. 中国网，http://www.china. com. cn/zhuanti2005/txt/2013 - 12/30/content_5471373. htm.

②　刘宝强. 解密农信社技术性扭亏［N］. 新京报，2004 - 1 - 2.

③　刘振冬. 农村"金融空洞"扩大　农信社独木难支［N］. 经济参考报，2002 - 11 - 25.

④　刘宝强. 解密农信社技术性扭亏［N］. 新京报，2004 - 1 - 2.

为 7.3%，农信社的整体状况有了根本性的转变①。农村信用社盈利水平、可持续性发展能力、资产质量、社会责任均得到明显提高，成为真正服务于"三农"的主力军。当然，这归功于国家投入的巨额资金支持以及不断上涨的农产品价格。以及随着整个宏观环境好转，国有商业银行也取得了良好的经营绩效。有待商讨的是农村信用社取得的绩效成果有多少是来自自身改制而产生的扭亏、增效（陆磊，2004）。另外，由于区域经济发展的不平衡，我国在农村信用社改革方面提出的政策措施也是分区域、差别化对待的。

沿着这一思路，本章以改革后依然保有信用合作制这种产权组织模式的农村信用社作为研究对象，选取 2005～2015 年的数据，将我国 31 个省份（结合数据的可得性，去除数据不完整省份）分为东部、中部、西部、东北四大经济区域作为研究划分基础，② 运用泰尔指数法对我国四大区域农村信用社的改革绩效做出评价，并进一步对区域差异和区域内部省际差异进行比较，最终提出各区域农村信用社提高经营绩效的相关对策建议。样本数据来源于《新中国六十年统计资料汇编》《中国金融年鉴》。

2.2 国内外研究动态及文献综述

我国学者对农村金融的研究以 20 世纪 90 年代为分界点，在此之前对农村金融的研究相对较少，自 90 年代以来，农村金融逐渐成为学术研究的热点，这与政府对"三农"的正视程度有着密切联系。兰耕云（1990）在农村金融体制的发展与定位阶段提出以提高融资效率为重心，推进农村金融体制改革；冉光和（1995）对农村金融和农村经济的关系做出了进一步阐述；何广文（2004）主张推进金融机构多样化，优化了农村金融结构。以上研究均处于我国农村金融发展定位时期，以宏观角度集中讨论农村金融体制改革方向和与经济之间的关系，对区域性差异的研究相对较少。改革开放之后，我国用向东部地区有效倾斜的政策取代均衡的区域经济政策。从而随着我国国

---

① 柳立. 深化农村信用社改革 [N]. 金融时报，2018-8-27.
② 国家统计局划分标准：东部地区选取省份为河北、江苏、浙江、福建、山东、广东和海南；中部地区选取省份为山西、安徽、江西、河南、湖北和湖南；西部地区选取省份为内蒙古、广西、四川、贵州、云南、陕西、甘肃、青海、宁夏和新疆；东北地区选取省份为辽宁、吉林和黑龙江。

民经济第九个五年计划的开展和 2010 年发展规划的实施，我国的区域经济形势发生了翻天覆地的变化，越来越重视区域经济差异性和区域协调发展问题（李保平、肖金成、陈文晖，1996）。田霖、金雪军（2005）从金融地理学视角运用模糊曲线法剖析了我国区域金融的差异；解运亮、刘磊（2013）通过构造衡量农村金融发展情况的指标体系，从规模、结构、效率三个维度对区域发展状况进行了分析，并得出产生差异的原因为国家导向、非农业发展水平差异和城镇化与市场化进程差异。近年来，农村金融效率问题也得到了学者们的关注，但涉足较少。周国富、胡慧敏（2007）从微观和宏观两个方面，构建了由储蓄率、储蓄投资转化率等 16 个维度组成的金融绩效评价指标体系；向琳（2011）利用数据包络分析方法对我国东中西部的金融效率做出比较，并得出结论：各地区加大金融支农投入的同时，提高农村金融效率才是金融支农的重点；黎翠梅、曹建珍（2012）从农村金融储蓄动员效率、储蓄投资转换效率和投资投向效率三个方面入手，建立了我国农村金融效率评价指标体系，对区域性差异进行动态描述，并运用因子分析法对其进行综合归纳；蔡则祥、刘骅（2013）对亚龙（Yaron，1992；1997）提出的农村金融机构绩效评估指标进行了修正，以增加农民收入和减少贫困、目标客户覆盖率、可持续发展能力三个维度构建绩效评价指标体系，对新型农村金融机构业绩作实证分析；孟兆娟（2013）采用泰尔系数法研究农村金融效率的区域化差异性问题及影响因素。

国外对于农村金融的研究。其中桑切斯·查维斯（Sanchez-Chaves，1995）指出：要以区域为概念支持农村经济的发展；威尔斯达和罗纳德·麦金农（WellsDA and McKinnon RonaldI，1974）系统地阐述了农村金融发展面临的挑战并给出建议；巴尔塔纳特（BalázsIstvánTóth，2015）运用实证描述了区域经济弹性和弹性思维。

综上所述，国内学者对农村金融的研究从理论化逐步转向实证化，纯理论化的研究对农村金融体系的完善已经不具备指导意义，随着最新区域分布的变化和农村金融机构的现状，我国学者对农村金融方面的探索尚有不足。本章针对近年来研究的薄弱之处，借鉴亚龙提出的农村金融机构业绩评估框架和我国学者相关研究成果，结合我国实际情况，同时满足数据的可得性和易得性，加以补充修订，从存贷款规模、目标客户覆盖率和农村金融机构持续性三方面构建农村金融绩效评价指标体系，采用泰尔指数法评价我国农村金融外部市场功能绩效的区域差异。

2.3 农信社区域发展差异的描述性统计

在我国农村金融机构体系中，不论从总量还是贷款对象来看，农村信用社是唯一一家真正给农户提供借贷资金的正式金融机构（焦兵，2007）。县域存款市场被国有银行、农村信用社、邮政储蓄垄断，贷款市场被国有银行和农村信用社垄断（何广文，2007）。因此，农村信用社区域性发展差异一定程度上也反映了农村金融区域性差异。

2.3.1 农信社存贷款余额区域性差异

本章首先对中、东、西和东北地区农信社存贷款余额和增加额作了描述性统计分析，如图 2.1、图 2.2 所示。

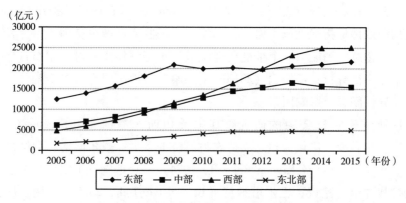

图 2.1　农信社存款余额区域对比走势

注：因北京、天津、上海、重庆、西藏数据缺失，不包括在内。

资料来源：《新中国六十年统计资料汇编》。

整体而言，2005～2015 年农信社存贷款走势均呈上升态势。从存贷款的区域差异来看，2012 年之前，存贷款余额呈东、西、中、东北部递减趋势，东部地区存贷款余额因基数大的优势领先于其他三个地区。党的"十二五"期间，西部地区存贷款规模远超中部、东部、东北地区，这与中央支持西部大开发的政策密切相关。当然这一结论受区域经济发展的影响：2009 年以后东部地区农村储蓄余额呈平稳态势，与东部地区经济发达、投资渠道多样密

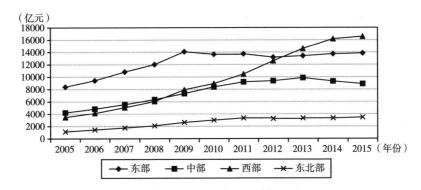

图2.2　农信社贷款余额区域对比走势

注：因北京、天津、上海、重庆、西藏数据缺失，不包括在内。

资料来源：《新中国六十年统计资料汇编》。

切相关，而西部地区正处于大力扶持下的发展阶段，且投资渠道少，存贷款余额便迅速赶超了东部地区。

2.3.2　农信社存贷款增长率区域性差异

目标客户覆盖率的另一指标为存贷款增长率，存贷款增长率区别于存贷款余额更符合目标客户覆盖率的要求。2006～2015年各地区存贷款增长率情况如图2.3、图2.4所示。

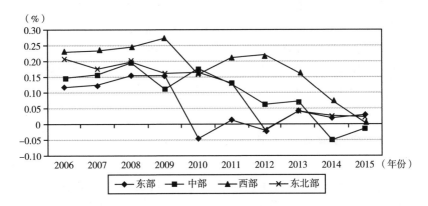

图2.3　农信社各地区存款增长率

注：因北京、天津、上海、重庆、西藏数据缺失，不包括在内。

资料来源：《新中国六十年统计资料汇编》。

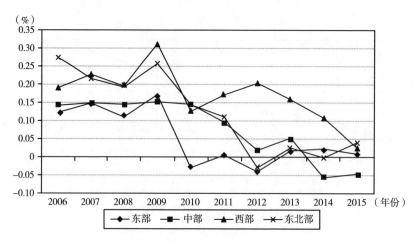

图2.1 农信社各地区贷款增长率

注：因北京、天津、上海、重庆、西藏数据缺失，不包括在内。

资料来源：《新中国六十年统计资料汇编》。

从存款增长率来看，十年间四大区域的存款增长率同样呈波动下降趋势，且波动幅度较大。西部地区存款的平均增长幅度和态势远高于其他地区，这与西部大开发战略密切相关。从2010年以后，东部、中部、东北地区先后出现了不同程度的负增长现象。从贷款增长率来看，十年间四大区域的贷款增长率同样呈波动下降趋势，但幅度小于存款增长率。2006～2010年间西部和东北地区的平均贷款增长率趋于一致，均高于中部、东地区；2010年后，四大区域的贷款增长率都呈波动下降趋势，西部地区的增长率领先于其他三个地区，且其他三个地区均出现负增长现象。

整体来看，各地区存贷款增长率都呈明显的波动下降走势，一方面取决于农村地区的城镇化和投资多样化的发展，另一方面也体现出农村金融储蓄贷款动员的效率不高。

2.3.3 农信社数量区域性差异

农村信用社数量指标是农信社覆盖率的直接反映，也是覆盖率指标的基础。我国四大区域的农信社分布情况如图2.5所示。

从增长趋势来看，东中西部地区农信社数量增长趋势大致相同，东北地区因范围窄、基数小，农信社数量增长幅度不大。从数量上来看，我国农信社数量在空间上分配不均，东部地区经济最发达，农信社数量最多，其次是

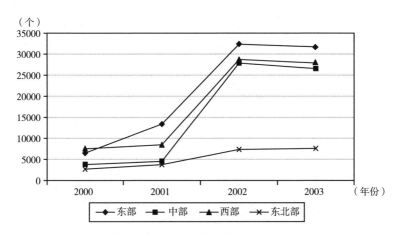

图 2.5　农信社机构数量区域对比走势

注：因其他年份数据缺失，统计年份仅 2000～2003 年四年。

资料来源：《中国金融年鉴》。

西部地区、中部地区，东北地区农信社数量最少，这反映出我国农信社资源分配有一定的不合理性，结合存贷款走势，西部地区存贷款需求要远超东部地区，应该设立更多的农村金融机构；资源在中部地区配置充分，然而却没有得到充分利用；东部地区经济发达的现状与较多农村金融机构的配置条件明显不符。因而应保证各地区发展现状与资源配置相协调，满足资源的有效利用。

2.3.4　农信社贷款回收率区域性差异

贷款回收率与农信社管理体制密切相关，同时直接反映了农民的还款能力，这两项与农信社持续经营密不可分。我国农信社 2002～2006 年贷款回收率区域情况如图 2.6 所示。

从图 2.6 中可以看出，所选区间各地区农信社贷款回收率均呈缓慢波动增长态势，其中东部地区贷款回收率最高，西部地区贷款回收率最低，结合图 2.2、图 2.4 可知，西部地区贷款余额和增长率较高的情况下，贷款回收率却居于较低水准，因此西部地区农信社的经营效率需进一步提高。东部地区以良好的金融管理和较高的贷款回收率领先于其他三个地区；中部地区较平稳的贷款增长率与贷款回收率相协调，具有较高的持续性；东北地区虽然贷款基数小，增长率和贷款回收率均位于平均水平，同样具有较高的持续性。

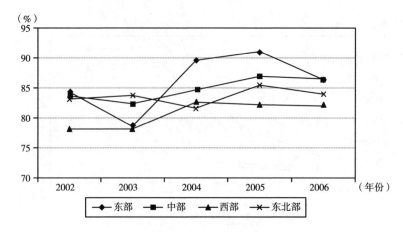

图 2.6 农信社贷款回收率区域对比走势

注：因其他年份数据缺失，统计年份仅 2002～2006 年五年（不包括北京、上海、西藏三省数据）。

资料来源：《中国金融年鉴》。

2.4 农信社改革绩效区域性差异分析

前面采用众多指标对我国四大区域农村信用社的效率差异进行了描述性统计分析，但涉及的变量指标众多，且年份区间不统一，无法描述四大区域差异的综合状态，为了克服数据的不完整性，本节将进一步运用泰尔指数法，选取代表性指标代替前面绩效评价指标体系，试图全方面对我国四大区域农村信用社经营绩效的差异及其内部差异演变进行比较分析与综合评价。

2.4.1 研究方法及指标选取

泰尔（Theil，1967）利用熵概念计算不平等系数，该指标数值的大小直接表述了区域经济的差异。泰尔指数的计算公式为：

$$T = T_b + T_w \tag{2.1}$$

$$T_b = \sum_i^n N_i \times \log N_i / W_i \tag{2.2}$$

$$T_w = \sum_i^n N_i \times T_i \tag{2.3}$$

其中：n 为总组别数，W_i 为第 i 组人口在总人口中所占份额，N_i 为第 i 组指标在总指标中所占份额，T_b 描述组间差异，T_w 描述组内差异。泰尔指数越大，则表明区域间差异越大，反之则表明区域间差异越小。组内泰尔指数具体公式为：

$$T_i = \sum_j \frac{n_{ij}}{n_i} \times \log \frac{n_{ij}/n_i}{W_{ij}/W_i} \qquad (2.4)$$

其中：W_i 为第 i 组农村人口，W_{ij} 为第 i 组第 j 区农村人口，n_i 为第 i 组指标值，n_{ij} 为第 i 组第 j 区指标值，T_i 为未加权的组内泰尔指数。

鉴于前面绩效评价指标体系中各个指标区间及区域获得的不一致性，选取存贷款余额作为衡量指标，设为 X_1、X_2，时间序列为 2005～2015 年（其中 2010 年各省份农村人口数据缺失，不计入在内），以全国 26 个省份数据为基础，以东、中、西、东北部为研究单元，进一步分析我国四大区域农村金融绩效差异。数据来源于《新中国六十年统计资料汇编》和中经网统计数据库。

2.4.2　农信社绩效区域间差异性分析

我国中部、东部、西部、东北地区农村人口占比、农信社存贷款占比情况如表 2.1 所示。由表可知，近十年来我国农村人口分布规模大致稳定，农信社存贷款占比情况有所变化，其中东部地区存贷款规模减小，西部地区存贷款规模增大，东北地区存贷款规模和中部地区存款规模呈微弱上升趋势，中部地区贷款规模呈微弱收缩趋势。存贷款趋势的变化是我国区域城乡发展不平衡的必然结果，显然农信社由于自身的限制已不能充分满足经济发达地区客户日益增长的金融需求，而对于经济相对落后的西部地区，农信社仍能发挥一定的作用，长远来看，农信社做出业务结构的拓展和转变是必然的。

表 2.1　　2005～2015 年我国中部、东部、西部、东北地区相关数据

年份	农村人口占比				存款占比				贷款占比			
	东部	中部	西部	东北	东部	中部	西部	东北	东部	中部	西部	东北
2005	0.28	0.30	0.29	0.06	0.45	0.22	0.18	0.06	0.45	0.23	0.19	0.06
2006	0.28	0.30	0.29	0.07	0.46	0.23	0.20	0.07	0.46	0.23	0.20	0.07
2007	0.29	0.30	0.30	0.07	0.45	0.23	0.21	0.07	0.45	0.23	0.21	0.07
2008	0.30	0.31	0.30	0.07	0.44	0.24	0.22	0.07	0.44	0.23	0.22	0.08

续表

年份	农村人口占比				存款占比				贷款占比			
	东部	中部	西部	东北	东部	中部	西部	东北	东部	中部	西部	东北
2009	0.29	0.30	0.30	0.07	0.44	0.23	0.25	0.07	0.44	0.23	0.25	0.08
2011	0.29	0.30	0.29	0.07	0.36	0.26	0.29	0.08	0.37	0.25	0.29	0.09
2012	0.29	0.30	0.29	0.07	0.33	0.26	0.33	0.08	0.34	0.24	0.33	0.08
2013	0.29	0.30	0.29	0.07	0.32	0.25	0.36	0.07	0.33	0.24	0.35	0.08
2014	0.29	0.29	0.29	0.07	0.32	0.24	0.38	0.07	0.32	0.22	0.38	0.08
2015	0.29	0.29	0.29	0.07	0.32	0.23	0.37	0.07	0.32	0.21	0.39	0.08

根据式（2.2）计算我国四大区域间的泰尔指数情况如表 2.2 所示。由表可知，区域间存款泰尔指数由 2005 年的 0.0061 上升到了 2015 年的 0.0076，其间呈波动上升走势；区域间贷款泰尔指数由 2005 年的 0.0237 上升到了 2015 年的 0.0354，变化幅度较大，变化趋势与存款指数相似。

表 2.2   2005~2015 年我国中部、东部、西部、东北区域间的泰尔指数T_b

年份	X_1	X_2
2005	0.0061	0.0237
2006	0.0097	0.0361
2007	0.0074	0.0305
2008	0.0042	0.0175
2009	0.0087	0.0348
2011	0.0067	0.0291
2012	0.0066	0.0283
2013	0.0068	0.0286
2014	0.0077	0.0340
2015	0.0076	0.0354
均值	0.0071	0.0298

由泰尔指数的走势可知，2005~2015 年，存贷款泰尔指数均呈波动上升态势，在 2006 年达到最高值后走势回落，近年差异又在逐渐增大。总的来说，近年来区域间存贷款差异较选取区间初期均有增大趋势，且区域间贷款差异增大幅度最大。这一结果进一步证实了农信社存贷款业务面临的区域局限性，随着城乡一体化进程的区域差别化，农信社也应相应进行科技发展和

中间业务、理财业务等金融创新。

2.4.3　农信社绩效区域内部差异性分析

根据式（2.3）、式（2.4）计算我国四大区域内部泰尔指数情况如表2.3所示。

表2.3　　2005～2015年我国中部、东部、西部、东北地区的内部泰尔指数T_w

年份	东部地区		中部地区		西部地区		东北地区	
	X_1	X_2	X_1	X_2	X_1	X_2	X_1	X_2
2005	0.0101	0.0077	0.0079	0.0080	0.0059	0.0057	0.0019	0.0018
2006	0.0128	0.0092	0.0073	0.0081	0.0046	0.0055	0.0013	0.0014
2007	0.0132	0.0096	0.0083	0.0085	0.0036	0.0044	0.0010	0.0013
2008	0.0148	0.0105	0.0100	0.0081	0.0042	0.0046	0.0006	0.0008
2009	0.0136	0.0103	0.0126	0.0100	0.0040	0.0034	0.0006	0.0007
2011	0.0066	0.0052	0.0139	0.0119	0.0036	0.0028	0.0010	0.0012
2012	0.0149	0.0129	0.0144	0.0143	0.0030	0.0023	0.0002	0.0004
2013	0.0176	0.0154	0.0169	0.0181	0.0022	0.0019	0.0003	0.0004
2014	0.0189	0.0163	0.0318	0.0341	0.0023	0.0015	0.0009	0.0008
2015	0.0205	0.0179	0.0536	0.0239	0.0023	0.0021	0.0008	0.0008
均值	0.0143	0.0115	0.0177	0.0145	0.0036	0.0034	0.0009	0.0010

从东部地区两项指标泰尔指数变化趋势来看，贷款泰尔指数相较于存款泰尔指数有明显的上升趋势，由2005年的0.0077上升到2015年的0.0179，2012年以后存贷款泰尔指数都高于2005～2015年均值。总体而言，东部地区两项指标的内部差异近年来有上升趋势。

从中部地区两项指标泰尔指数变化趋势来看，存贷款泰尔指数同样呈上升趋势，其中存款泰尔指数上升幅度最大，且变化幅度都要大于东部地区，分别从2005年的0.0079和0.0080上升到了2015年的0.0536和0.0239，存贷款泰尔指数分别于2014年、2013年以后高于2005～2015年均值。

通过西部地区两项指标泰尔指数的比较，发现存贷款泰尔指数都呈下降趋势，且存贷款泰尔指数变化幅度相当，都下降了36个百分点，各项指标相较于东、中部地区的变化幅度来说波动不大，但仍然可见西部地区存贷款内部差异在逐渐减小。

从东北地区两项指标泰尔指数变化趋势来看，存款泰尔指数变化幅度较小，从2005年的0.0019下降到2015年的0.0008，而贷款泰尔指数则从2005年的0.0018下降到2015年的0.0008，与西部地区差异减小趋势进行对比，可以看出东北地区存贷款内部差异减小幅度远小于西部地区。

综上，通过对2005～2015年农村信用社经营绩效同区域间及区域内部的变化趋势进行泰尔指数分析，可以得出以下结论：区域间存贷款差异在逐渐增大，各区域内部东北地区存贷款泰尔指数最小，说明东北地区存贷款内部差异最小，其次是西部地区，东部和中部地区存贷款泰尔指数逐年增大。综合两项指标均值，可见西部与东北地区内部存贷款规模差异的日益减小，以及东中部地区内部存贷款差异的增大，是我国农村信用社绩效区域差异日益突出的深层原因。

2.4.4 农信社绩效区域总体性差异分析

由式（2.1）计算出2005～2015年我国区域总差异情况如表2.4所示。从两端点值来看，我国两大指标的泰尔指数变化较大，总体呈现上升趋势，表明我国农村信用社经营绩效差异在逐渐增大。

表2.4　　　　　　　　2005～2015年我国两项指标的泰尔指数 T

年份	X_1	X_2
2005	0.0319	0.0469
2006	0.0357	0.0605
2007	0.0334	0.0543
2008	0.0338	0.0415
2009	0.0395	0.0591
2011	0.0317	0.0503
2012	0.0391	0.0581
2013	0.0438	0.0644
2014	0.0617	0.0867
2015	0.0848	0.0800
均值	0.0420	0.0570

农村储蓄存款可直接反映农信社交易状态和农村居民生活水平，我国农信社存款差异总体呈上升—减少—上升交替的波动状态，近年来逐渐增大，由 2011 年的 0.0317 上升到 2015 年的 0.0848，表明农信社存款差异在不断增大。

农信社贷款则可以反映出农村地区基本建设和生产经营活动状态，与农村生产生活情况有着紧密联系。我国农信社贷款差异呈现波动上升的趋势，以 2011 年为分界点，近年来呈现上升趋势，相对而言，农信社存款差异变化走势比较稳定。

结合区域间差异和区域内部差异分析结果来看，我国 2005 ~ 2015 年农信社存贷款整体差异与之契合，差异较大，其中 2011 年左右由于进入西部大开发加速发展阶段和"十二五"规划中增大对农民的转移性支出及城乡发展一体化制度的实行，对西部地区的投资加大，使得差异有所下降。整体来看农信社存贷款差异是逐渐增大的，可见农信社的发展与内外发展不平衡的区域农村经济状况不能很好地相吻合，即绩效水平低下，再一次说明了改革的必然性。

2.5　研究结论与政策建议

本章运用泰尔指数方法，依据 2005 ~ 2015 年 26 个省份的数据，对我国四大区域农村信用社改革绩效做出分析，结论如下：

在绩效评价指标体系中，从存贷款规模指标来看，在样本期间内，整体而言东部地区明显领先于中部、西部、东北地区，但近年来有被西部地区赶超的趋势；中、西部地区存贷款走势增长明显，东部地区存贷款走势前期增长明显，后期趋于平缓，而东北地区存贷款走势整体状态平缓。从目标客户覆盖率指标来看，西部地区在存贷款增长率上明显高于其他三个地区，中部、东北地区走势接近，东部地区增长率最低；但从农信社数量上来看，东部地区农信社数量明显占优，结合前两个指标可以得出，四大区域农村信用社资源配置效率较低下。从农村金融机构持续性指标角度来看，东部地区贷款回收率最高，其次是中部、东北地区，西部贷款回收率最低，结合第一指标，西部贷款回收率明显与其增长态势迅速发展的贷款增长率不匹配，说明西部地区农信社还应进一步提高经营效率。

由泰尔指数可知，样本期间我国四大区域农村信用社经营绩效差异整体呈上升趋势。从各区域内部差异均值来看，东北地区省际差异整体低于其他三大区域，其次是西部地区，东部地区、中部地区省际差异最大。其中西部和东北地区2005～2015年来省际存贷款差异在逐渐减小，反观东部和中部地区，省际存贷款差异逐渐增大。由此可见，各区域内部省际发展速度的不平衡导致区域间差异明显，从而使我国区域差异问题日益突出。

整体而言，农村信用社在我国西部地区绩效最高，在政策扶持下有赶超趋势，东部地区随着省际差异的增大，绩效次之，东北地区各项指标发展波动较大，中部地区依然存在典型的"坍塌"现象。

根据本章实证结果可知，我国四大区域的农村信用社改革绩效存在差异，且各地区情况存在较大差别，因此应根据四大区域各自特点进行分析，以下从资源配置和机构改革两方面提出针对性政策建议。

第一，因地制宜，实现资源的有效配置。

充分协调好政府与市场经济的共同作用，要切实采取有效措施，具体分析不同区域的地理位置、居民需求和金融环境，进行有效资源配置并尽量缩小金融基础设施等方面的差距；东部地区在改革开放初期具备优先改革权利，农村金融市场更活跃，目前应在广大中西部地区推进农村金融试点、普惠政策的施行，加强对农民金融意识的灌输，提高农民对资金的需求程度；在加强推进西部大开发的同时，利用东西部区域优势带动中部地区农村经济的发展，优化中部地区农村经济增长方式，建立多元化的农村金融机构体制；提高农村金融机构经营效率，针对不同区域环境进行不同程度的改革，使农村金融机构能够有效地贴合各区域情况，从而减小区域差异。具体的区域金融发展对策如下：

对于农村经济较发达的东部地区，生产力与基础资本比其他三个地区要大，应在此基础上保证农村金融发展的稳定性，缩小省际差异；近年来东部地区存贷款增长率明显小于其他三个地区，这与东部地区经济的高水平导致的投资多元化有关，因此应根据东部地区农民投资偏好进行金融产品和金融工具的创新，结合城乡发展，提高服务质量，并加强监管。

对于农村金融改革绩效滞后的中部地区，一方面农村金融机构应加强对金融知识的宣传，提高中部地区农民对金融知识的整体了解水平，使农民的金融意识能与现代市场金融环境相适应，进一步减小省际差异的扩大趋势；另一方面应加大中部地区农民投资规模，提高中部地区经济发展水平。

对于发展态势乐观的西部地区，首先要合理设置金融机构数量，使之与西部地区日益增长的金融服务相匹配。其次西部地区农村金融机构应加强金融制度的完善建设，根据当地经济情况设计出相应政策制度，提高金融监管能力。应认清建立作为合作制产权组织形式的农信社对于金融服务体系尚未健全的西部地区的必要性。最后对西部地区农民的金融科普和诚信教育也至关重要，在此基础上可以建立相应的农户贷款担保体系，从而提高西部地区农村金融绩效。

对于经济指标波动较大的东北地区，首要任务是建立健全农村金融机构的制度，完善农村金融机构的规范性、合法性及合理性，结合当地的发展状况，加强监管力度，进一步巩固农村金融发展的稳定性。

第二，确保农村金融机构"服务三农"的基本方针。

农信社作为广大农村地区的支柱，近年来被逐渐淡化作用，随着新型农村金融机构的推行和农信社改制农商行的发展，我国广大农村地区的金融机构正处于全面改革时期，在改制过程中，各地区农村金融机构改革不能简单按时间划分，更不能"一刀切"全部改革，应牢牢把握与各地经济发展状况相结合的原则，并结合我国四大区域农村金融机构的绩效水平，使改革与实际充分结合。

农村信用社改革、引进新型农村金融机构都应建立在"服务三农"的基本政策方向上。同时还要注意建立多种农村金融机构是否真正促进了竞争，避免出现"低水平均衡陷阱"现象，经济发展水平存在差异的农村地区对金融机构有不同的偏好，因此不能将改革一概而论，应该将改革与地区特点充分协调，在改革制度上体现差异化。具体的建议如下：

对于经济发达的东部地区和区域地理位置存在优势的东北地区来说，金融发展较为充分，农业发展较为完善，城乡高度一体化，应在合作金融的基础上引进商业金融，进行产权明晰、市场主导型的股份制改革，实现投资的多元化和结构多样化。

对于经济发展相对落后的中西部地区来说，农村金融机构的改革更应秉持"服务三农"的理念，发展合作金融，满足农村地区的基本资金需求，同类金融机构的改革也应有别于东部地区，将重点聚焦在合作制产权组织形式上，根据合作制原则，切实维护农户利益，确立具有区域特色的改革方针和激励机制，真正满足农民的需要，拉动经济增长。

2.6 案例调研：浙江省农信联社经验借鉴①

2017 年 11 月，课题组成员前往杭州市，实地调研采访浙江省农信联社，业务管理处处长余建祥向我们介绍了他们在农信社改革中的先进经验和做法。以下是余处长的访谈记录。

农村金融是最直观体现不平衡不充分发展的金融模式，我国总体不缺大银行，缺的是坚持支农支小、在农村有生命力和竞争力的银行。其中，浙江省农信联社数十年来在发展普惠金融的道路上不断地摸索前进。2013 年和 2016 年浙江省政府先后出台了《普惠金融工程二年行动计划》《普惠金融提升工程五年行动计划》。经过这几年的发展实践，浙江省农信系统取得了较好的成果，在多个方面有所突破，如创业普惠、便捷普惠、阳光普惠、智慧普惠等领域。截至 2017 年 9 月末，浙江省农信联社存贷款总额突破 3 万亿元，服务客户数量达 6000 万人，成功贷款客户达 350 万人，不良贷款率仅为 1.81%，通过强化风险管理与成本控制，创造了全省银行业 1/3 左右的净利润，并形成了符合农村实际、接地气的五项工作机制。

一是完善农村信用体系建设，贷款实现广覆盖。

从 20 世纪 80 年代以来，浙江省农信联社开始尝试信用体系建设，创建良好农村金融生态环境，重视信用、创造信用和开发信用。从 2008 年到 2017 年，浙江农信联社开展了"走千家、访万户、共成长"活动，服务于基层建设，实现全省农信 5 万名员工深入农村挨家挨户走访，主动入户询问是否有金融需求，创建与农户之间的良好关系，拉近距离，及时并有效获取第一手资料，建立普惠金融信息档案。截至 2017 年 9 月末，浙江省农信联社已经建档 1507 万户，占全省总户数的 92%。此外，主动与信用中国、信用浙江等政府数据库对接。在 2011 年浙江省农信联社与省农办联合发文开展信用户、信用村、信用乡镇评定，进一步增强农户的信用意识。2013 年又联合省农业厅、省工商局开展农民专业合作社信用评定，同时建立村级信用评定小组，由此提高信用评级的专业程度，加强员工的专业素养，并组建起一支人数达 3 万多名的支农联络员队伍。目前已评定信用户 878 万户，占全省农户

---

① 该案例中涉及信息均来自课题组实地调查。

的 75％，信用村 1.8 万个，占全省 60％，信用乡镇 450 个，占全省 33％，并评定出 A 级以上信用专业合作社 2.1 万个。甚至将信贷初审权放给村里，真正将信用落实到自身，涉及每个人的权利义务，对此村子里实行"金融自助"。村民内部相互监督，形成还款监督机制，使农户的信用情况更具有说服力和真实性，减少逆向选择和道德风险，农户讲不讲信用、可不可以贷款，由小组集体商议、张榜公布。部分地区评定中还加入道德建设等社会治理因素，形成"道德银行""慈孝信用共建基地"等品牌，实现信用体系真正融入农村社区，成为政府的民生工程和老百姓的民心工程。

二是拓宽担保种类的同时，大力发放信用贷款。

20 世纪 90 年代初期就开始探索"土地、农房、林权"三权抵押业务，贷款余额达 160 亿元，占全省 60％以上，近年来，还探索了村股份经济合作社股权质押贷款、公益林补贴收益权质押贷款等新型农村产权贷款。同时，创新推出农民资产受托代管贷款、村担保合作社贷款等，积极借助村内第三方在评估、处置中的优势和力量，其中农民资产受托代管融资模式入选由农业农村部、人民银行、银保监会等 14 个部委设置的农村改革试验区拓展试验任务。与此同时，基于信用体系建设所积累掌握的信息，对资信良好的农民和企业发放无抵押、无担保的信用贷款，目前，信用贷款余额达 2549 亿元，较年初增加了 32.33％，占新增贷款 80％以上，不良贷款率仅为 0.4％。其中小额信用贷款达 1611 亿元，户数达到 160 万户，即每 10 户贷款客户中，7户拥有浙江农信小额信用贷款，抵质押贷款占比进一步下降。

三是与金融科技相结合，简化信贷流程。

近年来，省农信联社增大了平台建设力度，在产品创新方面保持银行业优秀水平，其科技开发实力居大陆地区先进。2015 年浙江省农信联社整合信贷流程，针对个人贷款推出了额度在 30 万元以内的"普惠快车"方案，仅仅花费十分钟左右就可走完贷款流程，实行"信息采集一张纸、流程整合一键式、综合服务一站式、客户上门一次办"的模式，真正实现小额贷款"一站式"服务。当前，通过"普惠快车"评级项目共 647 万户，占全省户数的39％，授信用户 266 万户，授信总额达 5581 亿元，贷款 3304 亿元，不良率仅为 0.16％；按照相同理念，浙江省农信联社研发了"小微专车""企业直通车"等技术，重点针对中小企业融资需求。针对客户经理，省农联社与省测绘局合作，建立普惠金融地图平台，划分 4 万个客户网格，研发"普惠通"移动办贷平台，提高办理贷款的便利性，客户经理拿着手机就能在农户家里提供信息采集、业务办理等服务，不局限在案头工作。评价客户经理工作采用更加朴实、更为亲切的方式，如是否与村民深入接触与联系，即不少地方用"村民是否能够叫出你的名字"来辅助，实现了"走得出去，找得到客户，办得了业务"。

四是打造机构电子人员三网，农户贷款零距离。

在"普惠快车"等模式下，简化客户经理的工作内容，主要工作是信息收集，剩下的贷款是否发放经由计算机评定，符合条件者一律发放。农户持"预授信证"等直接到柜台放款，或者也可以在手机银行、网上银行和7200个农信"丰收驿站"综合服务网点和近3万个助农取款点放款，实现了村村可办贷款，农户心里真实感受到了贷款无障碍。特别是浙江省农信系统自2015年开始全面推广建设的"丰收驿站"金融便民服务点，作为政府和群众的桥梁，把农村建房审批、大病医保报销等公共服务及医生坐诊、宽带电信、顺丰物流、农资农技、旅游消费等各类社会资源整合进"丰收驿站"，目前已建成7202家，共布设机具6945台，实现各类业务交易1688万笔，累计服务客户744万人，各大媒体均对相关工作进行了报道。

五是打造向实向小的体制机制，全面向普惠倾斜。

每年制定普惠金融考核，引导农村渠道、信用贷款、贷款户均等方面向农村、向实体经济倾斜。目前全省贷款户均38万元，个人贷款人均仅为21万元。实行了信用贷款尽职免责制度，引导客户经理发放小额信用贷款，大额贷款责任翻倍，即10万元以下免责，30万元以下责任减半。树立与"农村共同发展"的普惠理念，与农民一同耕耘成长，针对低收入农户、种粮农户等群体，浙江省农信联社不计较信贷收益，原则上均发放基准利率和信用贷款，低收入农户贷款达45亿元，粮农贷达6.5亿元，占全省90%以上比重，并积极争取财政等部门3%的贴息资金，综合贷款成本不到2%，粮农贷业务开展三年来，减轻粮农负担2000万元以上。承担各类政府惠农资金的发放，全面开展社保卡、流动人口IC卡、农村养老保险、医疗保险、种粮直补和政府惠民资金代理业务，最小的一笔仅14.8元。在普惠金融三年行动计划期间，组织金融知识培训班1365场，减免费用18.7亿元，公益捐助4.31亿元，把温暖送到了农村。

面向未来，浙江省农信联社将重点在数字普惠、绿色普惠等方面发力。创新"浙里贷"品牌的纯线上贷款，针对浙江省农信联社2850多万名持有社保卡的客户，以浙江省农信联社采集的海量客户信息、数据，辅以外部的市民卡、社保和公积金等数据，白名单形式授信，无面签即时申请，贷款全流程在线"不落地"的模式，实现贷款秒贷。创新各类支持"美丽乡村""五水共治"信贷产品，建设"绿水青山就是金山银山"的绿色金融体系。进一步丰富"丰收驿站"跨业跨界合作功能，为农村基层提供"金融、政务、电商、物流、公益"五位一体综合服务。

　　未来，浙江省农信联社将"秉持浙江精神，干在实处、走在前列、勇立潮头"，不忘初心，牢记使命，为普惠金融的发展、农村金融改革提供浙江经验，贡献农信力量。更希望能与开展普惠金融建设的各类金融机构，通过优势互补、形成合力，共同建设公益、商业良性循环的普惠金融体系。

第3章 农村商业银行改革绩效研究：基于灰色关联法

随着国家"三农"政策的逐步完善，农村金融改革也加快了进程。迄今为止，国务院共下发了三次涉及农村金融的改革方案，其中新型农村金融机构之一的农村商业银行就是在第三次农村金融改革中应运而生的。此后农村商业银行的发展非常迅猛，截至 2017 年 12 月 31 日，银监会首次公开的全国银行业法人机构名单中，农村商业银行达到 1262 家，其中安徽、湖北、江苏三省全面完成改制。农村合作银行 33 家、农村信用社 965 家（965 家农信社机构类型中包含省区联社及农村合作金融结算服务中心）。[①] 从数据中可以看出，近年来农村商业银行呈现快速发展趋势，未来几年也将有更多的农村商业银行成立。农村商业银行不断发展，逐渐提高了在我国金融体系中所占比重，对我国农村金融及农村经济的发展也起到越来越重要的作用。农村中小银行的资产占银行总体资产的比重不断上升，2017 年上升到 12.95%，成为第三大银行机构。[②]伴随资产规模的不断扩大，其对农村经济发展的促进作用也越来越显著，对农村商业银行经营绩效的研究也更具理论与现实意义。

3.1 研究的背景与意义

伴随我国经济的飞速发展，区域经济存在着较为严重的不均衡现象，农村经济发展的不平衡性尤为突出。造成这种现象的原因是多方面的：有历史、地理、自然环境的因素，更有相关政策、制度的区别对待等因素。我国东部

---

①② 中国银行业监督管理委员会宣传工作部. 中国银行业监督管理委员会 2017 年报 ［M］. 北京：中国金融出版社，2018.

地区地理条件优越、交通发达，长期以来东部地区的经济发展速度和发展水平远高于中部和西部地区。

同时我国农村金融机构由于起步较晚、监管与信息披露制度尚需完善等，相关数据资料获取有限。国内大量涉及金融机构的研究主要聚焦在国有大型商业银行与股份制银行，对成立年限较短的农村商业银行研究较少，对农村商业银行经营绩效在区域间的差异所进行的研究更少。

本章主要对农村商业银行的经营绩效进行分析，根据可获取样本地域分布情况，将全国划分为东部区域、中部区域和西部区域，选取 13 家农村商业银行 2016 年的相关数据（这一年可获取的样本量最大，数据最为全面），以及影响其经营绩效的 12 个因素，运用灰色关联法对可以获取完整数据的样本的改革绩效进行实证研究。选取该方法主要出于两个方面的原因：一是从计算出的数据可以较清楚地显示该地区农村商业银行发展的现状以及影响因素；二是通过三个区域农村商业银行改革绩效的横向对比，试图寻找各区域农村商业银行发展差距产生的原因，找出自身发展的优、劣势，设计激励相容机制，针对不同区域农村商业银行的经营环境提出相关政策建议。

3.2 研究的思路与方法

本章的研究思路如下：通过对国内外学者有关银行业经营绩效文献的梳理，在此基础上进行归纳总结，比较分析绩效理论及各种研究方法的优缺点，论证本章灰色关联法的选取依据以及样本指标的选取原则，计算各区域农村商业银行改革绩效与参考行的关联度指标，依据计算结果进行排序，并分析影响因子。通过各区域的横向对比，得出不同区域农村商业银行改革绩效差异产生的根本原因，找出可能存在的不足，并在此基础上有针对性地提出建议，提高农村商业银行绩效水平，促进当地农村经济的发展。

主要研究方法有以下几种。

（1）因子分析法。影响农村商业银行改革绩效和可持续发展的因素有很多，因此首先要根据具体情况对一些变量进行定性分析，并在此基础上选取主要影响因子，进而对农村商业银行改革绩效水平进行定量分析。

（2）运筹学法。即指在进行实验计算分析时，在固定已知的情况下，考虑到计算分析过程中的各个环节，并在此基础上寻找最合理的安排，在节省人力物力财力的情况下得到相对较好的结果，以期实现用最小成本获取最大收益的目标。

（3）对比分析法。第一是本章首先介绍常用的五种绩效计算方法，对其的优势劣势进行评价，根据本章研究样本特征选取最为合适的绩效计算方法，即灰色关联法，这是对比分析法的一次应用。第二是将我国分为东、中、西部三大区域，对不同区域农村商业银行改革绩效进行比较、排序，并进行区域间的差异分析。

3.3　相关概念界定与文献综述

农村商业银行是指由区域内的农户、经济组织、工商户、企业法人等个人或者组织通过参股形式成立的农村金融机构。

目前我国的农村商业银行是由农村合作信用社改制后形成的，因此要更进一步地了解农村商业银行的运行机制，可以先从了解我国农村信用合作社的历史入手。早在20世纪50年代，为了促进我国农村的发展，农村金融环境的改善，决定在农村地区设立农村信用合作组织。20世纪50年代末至70年代末，农村信用社得到了长足的发展，在全国范围内迅速扩张，但农村信用社属于合作组织，经营管理区在这段时间内不断发生改变，最初由公社管理，到大队管理，最终归属中国农业银行，事实上成为农行的基层分支机构。在1996年，针对这种情况，国家又再次针对农村信用社提出改革措施，领导组织再次改变，不再受农业银行管理，管理权逐渐收归县联社，并由中国人民银行对其进行金融监管，至此，农村信用合作社开始了独立发展阶段。但农村信用合作社相对独立后，自身也面临着一些问题，首先其经营地点主要在农村地区，资金有限，并且没有摸索出一条适合自身发展的道路，在金融领域竞争加剧的情况下面临艰难的处境。但由于农村信用社填补了农村金融市场的空白，在农村金融领域发挥了巨大的作用，对此，国务院发布了《深化农村信用社改革试点方案》，该方案明确指出对农村信用合作社的所有权以及管理结构方面进行积极的探索，同时明确了国家对信用社的发展采取积极帮扶的措施。截至2004年底，农村信用社改革已经在我国29个省份实施，海南省农村信用社的获批，标志着我国农村信用社的改革已全面实施。本章的研究对象——农村商业银行，即由此次农村信用社改制发展而来。

　　绩效也称企业的经营业绩或者企业的经营成果等，表示企业在从事生产的过程中所能获得的收益。一般评价某一企业的经营绩效水平主要从以下几个角度进行分析，如企业的长短期偿债能力、营运能力、企业资产的安全性、发展潜力等。对经营绩效进行评价是为了在未来一段时间内能够更好地对企业的经营进行规划。其既是明确企业所处具体经营状态的手段，同时也是改善当前经营状态的途径。在西方，经营绩效也经过了很长时间的发展，这一概念最初是用来评价某个企业的经营状况，如收益评价等。此后这一概念被银行业采用，用来评价银行在某一阶段的发展状况，并由最初的定性分析，引入更多数据指标与计量方法，从而更加科学有效地对其经营水平、经营状态做出剖析。

　　阿尔哈德夫（Alhadeff，1954）为找出影响商业银行的经营绩效的因素，以美国210家银行的经营数据为基础，并且选取了银行经营的费用、投资和信贷来反映银行成本的变动，选取贷款投资的收益来反映银行经营的状况。研究结果为：银行经营存在规模效应，即银行规模越大，成本越低。但在研究中也有忽略的地方，即在计算银行收益时，将银行的收益局限在贷款投资内，忽略了一些信托类的资产，会使结果存在偏差。与阿尔哈德夫（1954）类似的是，本斯顿（Benston，1965）经研究发现：在研究内的银行中大都存在规模效应，并且发现它们之间存在这样的关系，即在其他条件不变的情况下，每当商业银行的资产规模扩大一倍，营业成本会降低5~8个百分点。唐纳德·彼得（Donaldand Peter，1972）从组织结构入手研究商业银行的经营绩效，选取的影响因素是银行的新开支行和新控股公司数量，结果发现，银行组织结构的变动对银行产品品种、数量和价格变动的影响并不明显。鲍莫尔·潘扎尔和韦林（Baumol Panzar and Willing，1982）从措施的角度入手，认为商业银行在将自身产品多样化后可以降低成本，进而使得收益增多。阿沙迪和劳伦斯（Arshadi and Lawrence，1987）对20世纪80年代在美国新成立的商业银行进行研究，研究影响银行经营绩效的因素。结果发现，银行经营的成本对其经营绩效的影响较为明显，且成本对银行贷款的规模以及政策都有一些影响。

　　伯格和梅斯特（Berger and Mester，1997）从商业银行的规模入手，从获利能力和经营效率两方面入手寻找影响商业银行经营绩效的因素。结果发现，在盈利方面银行规模和绩效成反比，即规模越大，盈利反而会越小，但在成本效率方面，却是相反，小型商业银行比大型商业银行低了近两个百分点。

存在这种现象的原因为：大银行存在产品优势、价格优势和规模效应即成本优势，但管理复杂，业务分散，专业化程度低于小银行。克莱恩·塞登堡（Kleinand Saidenberg，2000）通过研究 20 世纪 90 年代的银行控股公司数据，认为当某银行的规模和产品广度到某个阶段时，银行会将从外部获取资源转为从内部获取，进而充分利用自身资源，提高自身的绩效水平。昆特和哈利（Kunt and Harry，1999）以 80 个国家的银行为研究对象，分析影响商业银行经营绩效的因素，结果发现，商业银行的经营绩效水平与资本等因素成正比，与准备金和收益成反比。马斯特·沐恩（Mesterand Moon，2001）通过将银行的资本结构和资产风险纳入生产函数模型，发现影响商业银行规模经济的因素有很多，但是与风险的相关性较明显，风险过多，规模经济可能会逐渐消失。

哈桑·瓦赫特尔（Hasanand Wachtel，2005）为了研究商业银行经营绩效水平受股东的影响程度，截取了 1996～2000 年 22 家正处于经济转型期国家的商业银行的样本数据进行分析。研究发现，商业银行所有权私有化的方法不能明显改善其经营绩效水平。目前，经济绩效理论研究主要关注点逐渐集中于经营绩效评价方法的研究。经济学家迈克尔·法雷尔（Michaell Farrell，1956）首次运用数据包络法对绩效评价进行研究。

科利尔、麦高文和穆哈迈德（Collier、Mcgowan and Muhamad，2006）通过对马来西亚 AFFIN 银行的样本数据进行分析，并应用杜邦分析法分析了商业银行经营绩效的影响因素，结果表明 1997 年的亚洲金融风暴对其产生了很大影响。科威尔（Colwell，1994）通过分析欧洲四国多个金融机构统计数据，认为运用 DEA 模型对于评价商业银行经营绩效更加有效。弗朗哥·菲奥德伊西（Franco Fiordeiisi，2006）通过分析 71 家欧洲银行的样本数据，认为经济增加值（EVA）模型对于评价商业银行经营绩效水平更加合理。苏莱曼（Suleman，2005）选取了土耳其多家商业银行的样本数据，运用因子分析法进行经营绩效分析，并建立了商业银行经营预警系统。

总体而言，对于评价体系的建立，西方国家逐渐由传统的以财务指标为核心过渡到以价值创造为导向，更多的学者更是站在战略的角度去看待商业银行的绩效评价问题，这使得相关理论和评价体系更加全面、科学，也使得西方商业银行经营绩效评价体系更加完善。对于我国商业银行评价体系的建立，由于我国的金融环境有其自身的特殊性，我们不能将国外的相关理论直接应用于我国的商业银行评价体系中，应根据本国的实际情况进行相关的完善与改进。建立更加符合我国实际情况的商业银行评价体系。相比国外研究，我国由于起步较晚，在商业银行经营绩效评价方面还处于初始阶段，而且国内学者的大多数研究更是集中于商业银行经营绩效水平的研究方面，对于农村商业银行经营绩效体系理论的研究较少。

杨宝臣、高春阳（1999）选取了五家商业银行及其分支机构的样本数据，应用产出增加型 DEA 模型对其经营绩效进行评价分析，试图找出影响商业银行经营效率的关键因素。赵旭（2000）利用 DEA 模型分析了国有商业银行经营效率，研究发现，国有商业银行经营效率大幅下降主要是受到非利息支出大幅增加的影响。魏煜、王丽（2000）应用 DEA 的线性规划方法对我国四大国有商业银行和八家股份制商业银行的 1997 年的数据进行样本分析，并提出银行效率改进的手段。赵旭、蒋振声（2001）运用财务指标从产权结构等四个方面出发比较分析了国有商业银行与股份制商业银行经营绩效的差异。

杨学锋（2006）认为效率是企业经营过程中表现出来的竞争力，业绩是企业在日常经营活动中获得的收益，绩效主要是指企业的经营效率或经营业绩。陆庆平（2006）认为评判商业银行经营绩效水平的最佳方式是将商业银行的行为与结果相结合。葛敏和许长新（2006）认为面板数据在评价经营绩效时具有局限性，其提取了四家样本银行 2001 年财务数据并运用模糊动态因子分析法进行分析，结果表明盈利能力、发展能力和抵御风险的能力对上市银行经营绩效水平有重要影响。银行应改善自身的资产流动性和安全性与盈利能力以提高经济绩效水平。

张少林（2007）从政府和民营股东行为角度出发，发现商业银行经营绩效水平受到股东行为的影响。陈莹（2008）利用经济增加值法分析了 11 家商业银行 2001～2007 年的财务数据，发现商业银行经济增加值增长主要是受到贷款和资产规模影响，而不是业务创新和经营效率的提高。

周洪和彭芙蓉（2009）综合运用平衡计分卡理论和层次分析法原理，提出了更加准确、系统、客观地评价农村商业银行的层次分析模型。张鸿武和王河英（2009）选取了 14 家上市股份商业银行的数据进行分析，并运用因子分析法从安全性、营利性等四个方面对商业银行绩效进行评价。傅勇、邱兆祥和王修华（2011）采用因子分析法对经营绩效进行实证分析，截取了 2005～2010 年 13 家中小银行的财务数据，结果表明银行上市、员工素质、资产规模均能提高银行绩效水平。中小银行的绩效水平受宏观因素影响较大，同时从微观层面看股权结构对中小银行绩效影响不显著。庄霄威和长青（2011）将 EVA 模型与平衡计分卡结合，以工商银行某支行为样本从财务和非财务的角度分析了商业银行经营绩效水平，提出了更加客观全面的商业银行经营绩效评价模型。罗保琦（2014）认为我国商业银行绩效评价体系存在诸多弊端，经过分析提出 EVA 是相对比较合理的绩效评价体系并采用 EVA 的方法对比分析了四家国有商业银行的经营绩效水平。郑淑霞（2014）总结了现有的商业银行绩效评价体系，分析了评价体系存在的不足及产生不足的原因，并最终从宏观、微观层面就现有的评价方法提出相关改进意见。

总体而言，对于银行经营绩效的分析，我国学者更加倾向于对商业银行进行分析研究，而对农村商业银行经营绩效的理论研究甚少。在这些经营绩效的研究方法中，每一种方法都有其优缺点。本书研究农村商业银行经营绩效水平采用的主要思想就是选取恰当的目标影响因子，通过建立科学的农村商业银行经营绩效评价体系，对农村商业银行的经营状态做出一个科学、客观、合理的评判。而灰色关联法更适用于农村商业银行经营绩效的量化指标评价，可以在很大程度上减少由信息不对称带来的损失，及时发现农村商业银行经营过程中存在的问题，对自身经营状态与水平进行合理的判断，并根据自身的情况，提出科学、合理、有效的完善措施，保证农村商业银行经营绩效水平持续稳步提升。

3.4　评级指标维度与评价方法的选择

指标的选取首先需满足以下条件。

（1）重要性。在评价农村商业银行经营绩效水平时，与评价结果密切相关的是所选取指标的重要程度而不是指标的多少。由于客观条件和技术的限制，评价框架的构建并不能涵盖所有的影响因子，所以应根据各指标的重要程度和代表性强度来选取指标。

（2）可比性。本书研究的目的是提供一个科学的农村商业银行经营绩效水平评价框架，所以指标的选取应具有较强的可比性，使研究结果不仅能够满足不同历史阶段的纵向可比性，还要具有不同地区的横向可比性。

（3）全面性。经营绩效评价体系应能全面反映农村商业银行的经营状况，选取的指标也要全面反映农商行安全性、流动性、盈利性等。指标的设置要有重点，重要的指标应设置得相对详细，所以应先确定各指标的权重，这样才能更加全面客观地评价农村商业银行的经营绩效水平。

（4）公开性。指标数据应有稳定的数据来源，一方面可以避免可能由于数据的保密性原因造成的不必要的麻烦；另一方面也可以保证数据的客观性、权威性。

（5）可测性。在商业银行绩效评价过程中，对样本的影响因素的分析需要定性定量相结合，故所选取的指标应该是可测的、可计算的。

3.4.1　农村商业银行改革绩效评价指标的确立

在充分借鉴国内外学者对于农村商业银行绩效评价的研究以及 2000 年中国人民银行发布的《国有独资商业银行考核评价办法》的基础上，结合我国农村商业银行改革绩效的实际情况，本章选取了人民银行规定的四大类指标体系中的 12 个次级经营指标，组成了农村商业银行绩效评价框架。

3.4.1.1　盈利能力评价指标

企业经营的目的是获得超额收益实现企业价值最大化，盈利能力评价正是对企业通过日常经营获取收益能力的评价。本章主要涉及农村商业银行获利能力和经营效益指标。盈利能力在满足投资者收益的同时也保障了农村商业银行的持续经营与发展。农村商业银行盈利水平的上升可以增加其资产的流动性，提高抵御金融风险以及可持续发展的能力，同时收入水平的提升也增加了农村商业银行在与国内外金融机构的竞争中竞争力水平的上升。因此，农村商业银行盈利能力指标是其经营绩效评价框架建立过程中重要的一环。本章将通过营业利润率等四个指标来对农村商业银行的盈利能力进行描述。

（1）营业利润率（A1）。营业利润率是指经营所得的营业利润占投入资本额的百分比。这种百分比能综合反映一个企业营业效率。因此该指标可以衡量农村商业银行经营效率水平。营业利润率越高，说明农村商业银行的经营效率越高。

（2）平均资产收益率（A2）。平均资产收益率是指净利润占平均资产总额的百分比，用来衡量农村商业银行利用资产创造利润能力的大小。平均资产收益率越高，平均投入的每单位生产资料所带来的回报越高。由于该指标具有很强的可比性，所以将该指标纳入盈利能力评价指标体系内。

（3）净资产收益率（A3）。净资产收益率（ROE）又被称为净资产报酬率，是净利润与平均股东权益的分率。该指标反映股东权益的收益水平，体现了农村商业银行利用自有资本获得净收益的能力。该指标值越高，说明农村商业银行每一单位的投资所能带来收益越多即盈利能力越好。

（4）成本收入比（A4）。成本收入比是银行营业费用与营业收入的比率。该指标反映了银行单位收入需要支出多少成本，该指标越小，表明农村商业银行对于成本的管控能力越好，盈利能力越强。成本收入比是衡量农村商业银行盈利能力的重要指标。

3.4.1.2　流动性指标

流动性指的是资产转化为现金的速度。对于农村商业银行来讲，流动性是指当客户有突然性的提款需求时，农村商业银行能够用流动性资产满足客户要求的能力。对于农村商业银行的日常监管来讲，流动性是一个非常重要的检测指标。流动性太高，表示银行保留了过高的流动性资产，这容易导致资源的浪费以及管理成本的增加；流动性太低，表示银行保留的流动性资产不够，在日常经营过程中农村商业银行会存在较大的流动性风险，因此农村商业银行应选择适合本银行的流动性水平。本章选择了两个具有代表性的指标来反映农村商业银行的流动性，具体如下。

（1）流动性比率（A5）。流动性比率是商业银行所持有的流动资产与流动负债的比值，是衡量商业银行资产安全状况和短期偿债能力的重要指标之一，目的在于分析当负债到期时，商业银行能否用自身持有的流动性资产予以偿还。流动性比率重点关注的是商业银行所持有的流动资产和流动负债。流动性比率并不是越高越好，例如，应收账款已经过期虽然会使得流动性比率升高，但这并不代表商业银行具有较强的偿债能力。同时流动性比率过高容易导致较高的机会成本以及管理成本。流动性比率过低，商业银行可能无法满足客户的临时提款需求从而影响自身的信誉。央行规定商业银行流动性比率应大于等于25%。[①]

（2）存贷比率（A6）。存贷比率数值上等于商业银行总贷款额与总存款额的比值。商业银行发放贷款是要收取利息的，吸收存款是要支付利息的，

---

① 关于印发商业银行资产负债比例管理监控、监测指标和考核办法的通知［OL］. 中国人民银行官网，http://www.pbc.gov.cn/bangongting/135485/135495/135499/2897981/index.html.

因此如果一家商业银行存贷比率较低，即发放的贷款少，吸收的存款多，则银行的成本较高，利息收入较少，银行的盈利能力较差。因为商业银行是以盈利为目的的，它就会想方设法提高存贷比率。从银行抵御风险的角度来讲，存贷比率不宜过高，银行需要保留一部分库存现金应对日常的结算需要和客户的提款需求，存贷比率过高，这部分资金不足，银行容易面临支付危机。央行为防止银行过度扩张，规定商业银行最高的存贷比率为 75% 。①

3.4.1.3　安全性评价标准

农村商业银行资金的安全性是指银行在日常管理经营过程中要避免经营风险，保证资金安全。在资金营运过程中，由于各种不确定因素的存在，导致银行容易面临多种风险，如果出现存款不能按期还本付息，贷款不能如期收回本息，必然影响银行的日常经营甚至危及银行的安全。本章选择两个具有代表性的指标来反映农村商业银行的安全性，具体如下。

（1）不良贷款率（A7）。如果借款人由于某种情况无法按时偿还贷款，则这部分贷款就变成了不良贷款。不良贷款率指的就是这部分贷款占商业银行所发放的总贷款额的比重。在评价农村商业银行资产的安全性问题时，不良贷款率是一个比较具有代表性的指标。不良贷款率较高，表示商业银行所发放的贷款中有很大一部分都可能存在履约风险，因此商业银行发生损失的可能性就较大，反之则较小。

（2）资本充足率（A8）。资本充足率指的是商业银行的自有资本占其所持有的风险加权资产的比重，它是反映商业银行经营是否稳健的一个重要指标。资本充足率可以体现出商业银行的自有资本能够承担坏账损失的能力大小。各国中央银行都有规定商业银行的最低资本充足率，以最大限度降低银行破产的可能性。《巴塞尔协议》要求商业银行的资本充足率要大于 8%，资本充足率越高，表示商业银行面临的风险越小，资产的安全性越高。

3.4.1.4　发展能力评价标准

农村商业银行的前身是农村信用合作社，作为农村金融改革的产物，农村商业银行凭借其灵活的管理体制、高效的业务流程、规范的公司治理等优

---

① 关于印发商业银行资产负债比例管理监控、监测指标和考核办法的通知［OL］. 中国人民银行官网，http：//www.pbc.gov.cn/bangongting/135485/135495/135499/2897981/index.html.

势，扎根农村市场，开拓经营，成为农村金融市场的领跑者。本章选择了几个具有代表性的指标来反映农村商业银行的未来发展能力，具体如下。

（1）存款增长率（A9）。商业银行采用负债经营的方式，通过低息吸存、高息放贷的方式赚取利差从而维持商业银行的正常运行。一旦商业银行所获取的存款增加，则商业银行可用于投放贷款的资金增多，商业银行通过投放贷款所获取的利息收入就会增加。在衡量农村商业银行的未来发展潜力时，存款增长率是一个比较具有代表性的指标。存款增长率越高，表示本期存款相较于上期有了较大增长，商业银行获得更高收益的可能性越大，持续发展能力越强。

（2）中间业务收入占比（A10）。中间业务又叫表外业务，是指商业银行不动用自己的资金，代理客户办理各种收付款项及其他委托事项并从中收取手续费的业务。中间业务建立在商业银行的信用业务之上，为商业银行提供了额外的资金来源，促进了商业银行的发展。中间业务占银行总收入的比重逐年增大，未来必将成为商业银行大力拓展的业务。相较于传统的银行业务，中间业务具有如下三个优点：第一，中间业务不属于商业银行的表内业务，相较于表内资产，其经营风险较小，有利于商业银行进行风险管理。第二，中间业务的成本较低，预期可获得稳定现金流，可以增加商业银行的收入来源。第三，中间业务所包含的业务种类较多，一方面扩大了商业银行的传统业务范围，另一方面也促进了商业银行的未来发展。中间业务收入占比与商业银行的未来发展能力呈正向变动关系。

（3）贷款增长率（A11）。作为商业银行主营业务的贷款业务，对于商业银行的持续发展起着至关重要的作用。就我国商业银行目前的发展状况来看，贷款业务仍然是其最重要的主营业务，提供了商业银行大部分的主营业务收入。贷款的增长可以使银行获取更多的利息收入，同时也有利于商业银行资产规模的增大。贷款增长率越大，表示商业银行持续发展的潜力越强，反之则越弱。

（4）总资产增长率（A12）。总资产增长率数值上等于商业银行本期的总资产增长额与上期总资产额的比值，反映企业本期总资产的增长状况。对于商业银行来讲，既可以利用资产获取收入，也可以利用资产有效地规避风险。总资产增长率越高，则商业银行盈利的可能性就越大，抵御风险的能力就越强，未来持续发展的潜力也就越大。我国农村商业银行发展时间较短，因此与国有商业银行相比，在资产规模上具有较大差距。对于农村商业银行来讲，保持适度的资产规模是十分有利的。一方面有利于商业银行提升竞争力，使其在同业竞争中处于更好的地位，另一方面适度的资产规模可以使得农村商业银行享受规模经济带来的好处，促进商业银行盈利增加。总资产增长率与农村商业银行的未来发展能力呈正向变动关系，总资产增长率增大，表示商业银行资产规模扩大，发展能力增强，反之则减弱。

综上，商业银行经营绩效评价体系已建立，具体指标计算公式如表 3.1 所示。

表 3.1　　　　　　　　　　　商业银行经营绩效评价指标

评价内容	指标名称	计算公式
盈利能力 评价指标	A1	A1 = 营业利润 ÷ 营业收入
	A2	A2 = 税后平均利润 ÷ 平均资产总额
	A3	A3 = 税后平均利润 ÷ 平均股东权益
	A4	A4 = 业务及管理费用 ÷ 营业收入
流动性 评价指标	A5	A5 = 流动性资产余额 ÷ 流动性负债余额
	A6	A6 = 贷款余额 ÷ 存款余额 ×100%
安全性 评价指标	A7	A7 = 各个不良贷款的总和 ÷ 各项贷款总和 ×100%
	A8	A8 = (核心资本 + 附属资本) ÷ 风险资产 ×100%
发展能力 评价指标	A9	A9 = 本期相对于上期存款的增加额 ÷ 上期期末存款余额 ×100%
	A10	A10 = 中间业务收入 ÷ 营业收入 ×100%
	A11	A11 = 本期相对于上期存款的增加额 ÷ 上期期末贷款余额 ×100%
	A12	A12 = 本期相对于上期资产的增加额 ÷ 上期期末资产总额 ×100%

3.4.2　农村商业银行改革绩效评价方法的选择

3.4.2.1　绩效评价方法介绍

对于银行业绩效的评价方法主要有以下几种。

（1）杜邦分析法。杜邦分析法是利用几种主要的财务比率之间的关系，从财务角度评价企业经营绩效的一种方法。其主要思想是把企业净资产收益率分解为多项财务比率乘积的形式，从而深入分析企业的经营业绩。具体来讲，该体系以净资产收益率为起点，得出净资产收益率等于总资产净利率与权益乘数的乘积。其中总资产净利率又可以分解为销售净收益率和总资产周转率两部分。通过杜邦分析法，企业管理者可以对本企业的资产收益情况有更加深刻的了解，便于实施有效的管理来实现股东利益最大化的目标，杜邦分析法示意如图3.1所示。

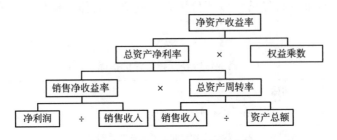

图3.1　杜邦分析体系分解示意图

资料来源：翟纯红，郝家龙. 会计基础［M］. 北京：中国时代经济出版社，2014：309.

（2）平衡计分卡法。平衡计分卡法是评价一家企业经营绩效的较为常用的方法，它选取的不仅是单一的财务指标，还包括对企业产生影响的外在环境指标。通过平衡计分卡，将公司的战略目标转化为相互关联的绩效衡量指标，有利于企业管理者及时了解到企业的经营发展状况。其优势在于反映了企业财务与非财务的平衡、长短期目标的平衡、内外部的平衡、结果和过程的平衡等多个方面，可以反映企业综合经营状况。[1] 平衡计分卡分解如图3.2所示。

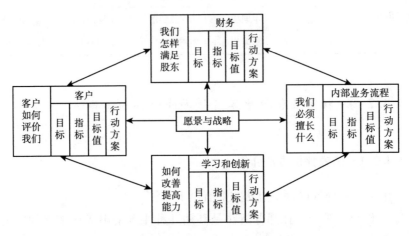

图3.2　平衡计分卡分解示意图

---

① 卡普兰，诺顿. 平衡计分卡战略实践［M］. 北京：中国人民大学出版社，2009.

（3）经济增加值法。为什么要提出经济增加值这个概念呢？因为由于一个公司有不同的成长阶段，而一般绩效评价方法对于一个公司不同时期的经营状况不能做出合理评价，所以"经济增加值"这个新词汇应运而生，为了形成比较客观的评价体系，我们将经济增加值中的投资和利润通过绝对指标联系在一起。通过税后加权平均成本和税后经营利润的统计，即税后加权平均资本成本被企业的税后经营利润减去就是经济增加值。因此关于"成本"的概念是企业费用，企业经营得好，赚取的利润超过资金成本才能发挥财务杠杆的作用。不计算投入的资金成本则无法反映真实的状况。采用经济增加值法较好地解决了企业的投资问题，斟酌了企业利润受到企业债务成本的影响，同时将股权的投资成本考虑进去。所以，尽管财务报表显示企业的利润为正数，但是企业的利润如果不能超出加权平均资金成本，则利润并没有增加。因此，我们给经济增加值一个更精确的定义，就是只有经济利润增加，经济增加值才会增加，企业的经营才会持续健康发展下去。

（4）数据包络分析法。数据包络分析法（DEA）是美国学者查纳斯和库珀（A. Charnes and W. Copper）在论文《决策单元的有效性度量》中首先提出的。根据样本指标的投入和产出对决策单元进行效益评价的一种凸分析和线性系统分析模型。它是分析多目标决策问题相对较为有效的一种方法。传统的绩效评价方法主要通过投入产出比这个指标的大小来进行分析，当投入产出单位相同时，能够比较方便地计算出该指标，并根据指标数值的大小对绩效进行比较。但当同类型组织有多种投入并产生多种产出，且不能折算成统一的单位时，传统的绩效评价方法就无法对绩效进行准确客观的评价。而数据包络分析法主要通过运用线性规划的方法刻画出所有的生产投入可能集，形成一个生产可能集的平面。而生产可能集的最外延曲线代表既定投入情况下的最大产出。将实际的投入产出与生产可能集的最外沿数据进行比较，与前沿越相似则表示经营效益越好，反之则越差。这样在一定程度上克服了传统绩效评价方法的局限性，使得绩效评价更加客观准确。

与传统绩效评价方法相比，数据包络模型的计算无须对样本数据提前进行统一的单位处理，只需通过 DEA 模型对样本数据无量纲化处理就能满足模型对于数据的要求。所以 DEA 模型对多种投入并产生多种产出的同类型组织绩效水平进行比较评价较为便捷。另外，在数据包络模型对企业经营绩效进行评价时，需要对所选定的样本指标进行一定的权重化处理，这在一定程度上降低了由于主观性因素对于评价结果的影响，使测算的结果能够更加真实客观地反映决策单元格的情况。

（5）因子分析法。因子分析法主要是将变量之间的关系通过若干综合因子加以表示。即通过把因子进行分类，将综合因子通过一些方法获得，然后对综合因子进行定量分析，找到各个因子之间的关系。这样得到的结果可能更加准确客观，接下来再比较变量之间的内在联系与规律性。在经济统计中的应用，通常是通过分析影响因子，如果因子与经济变量之间关系密切，则可以通过这些因子分析企业的经营状况。

3.4.2.2 评价方法的弊端

不同评价方法也存在各种弊端。

（1）杜邦分析法的局限性。杜邦分析法要求数据来自财务报表，所以需要大量可靠的数据才能分析企业的经营状况，但是对于无法获取大量数据的企业而言，这种方法并不可靠，对于经营绩效水平的评价亦不太合理。另外，这种方法利用事后财务指标分析企业的经营状况，反映企业在以往年份经营成果，而那些无法用数据衡量的因素，如科研能力、组织协调能力以及创始团队的稳定性就不能通过财务指标加以反映和分析。

（2）平衡计分卡的局限性。这种方法主要针对的是非财务指标，然而有些指标很难被准确的表述。如果企业的长久目标和董事会成员发生变化，可能需要很长时间和很多精力改善该体系，因此会给企业带来很大的不必要成本，阻碍企业的进一步发展，由于很多原因造成这种方法并不可靠。

（3）经济增加值法的局限性。第一，经济增加值很具体，很真实，它的优点就是可以和同类企业一起比较；第二，经济增加值可以真实地反映企业生命周期的发展情况；第三，这个指标衡量的目的是增加股东的价值；第四，这种方法得出的结果是某个特定企业的经营数值，和杜邦分析法相比，缺点就是不够全面细致，不能够分析企业的各种状况，找不到企业的不足。

（4）DEA模型的局限性。DEA模型在现实生活中一般很难用到，因为它对数据的要求很高，例如精确性要足够高和数据的数量要足够多，一旦无法得到大量的数据，计算结果就会造成偏差。对于农村商业银行评价来说，由于我国农村商业银行成立的时间较短，一些数据可能不容易获取，所以我们很难做出准确的判断，因此在对我国农村商业银行绩效进行评价时很少使用这种方法。

（5）因子分析法的局限性。该种分析方法和上一种方法相似，需要很多的数据才能进行准确的分析，对这些数据进行准确的测量。运用这种分析方法，要把很多数据放到分类出的几个因素中，可能会导致一些因素没有被提取。

以上几种分析方法，各有利弊，每种方法都是根据目前的经济状况得出的。评估我国农村商业银行改革绩效时因为收集到的数据有限，因此研究方法的选择是本章的一个难点。造成这种问题的原因有两个：一是信息披露不完善，在没有监管部门强制要求的情况下，研究所需的相关数据信息无法从公开渠道获取；二是农村商业银行由于成立时间不长，为了不被竞争对手超越，可能刻意隐瞒了重要数据信息。

近些年，一些农村商业银行出于监管要求，开始部分开放内部信息，但披露的数据仍然有限，远远没有股份制商业银行的数据丰富。鉴于此，本章选择采用灰色关联分析法，适用于小样本的研究。

3.5　灰色关联分析法的理论基础与适用性

20 世纪 80 年代，国内学者邓聚龙创立了"灰色系统理论"①。将控制理论与数学方法相结合，创造了在数据有限的情况下，针对不完备信息的理论分析体系。经过多年的发展完善，该理论体系逐渐完备。由于灰色关联法对样本容量的要求较低，所以特别适合应用到各研究领域。

灰色关联分析法作为评估农村商业银行经营绩效最重要的方法，特别适合数据的比较分析。通过对比较数列进行数理分析，计算样本与参考数列的相关性，说明比较数列与参考数列关联程度的高低。根据灰色关联分析模型可知，应先计算出其中一个系统的各个指标与另一个系统指标的相互作用程度，即关联系数，进而得出两个系统的关联系数矩阵。在这个基础上，得到两个系统的匹配程度。因为这种方法对样本量大小要求不高，因此特别适合用于分析农村商业银行的绩效问题。涉及的步骤有：（1）确定分析数列；（2）对数据进行相关处理；（3）计算出比较数据序列与参考数据序列的绝对差；（4）计算样本与参考数列间的相关性；（5）求极差；（6）计算关联度及

---

① 刘思峰. 灰色系统理论的产生与发展［J］. 南京航空航天大学学报，2004（2）.

关联度排序。本章将应用 2016 年的数据进行相关研究。

3.5.1　灰色关联分析法评价农村商业银行绩效的原理

灰色关联分析法评价我国农村商业银行改革绩效原理主要是通过在样本银行绩效评价指标中选择各个最优的指标，共同组成参考银行指标体系。以参考银行的指标作为考核指标，通过将样本数据与参考银行指标进行比较，计算出样本指标与参考指标的关联程度，即关联度。关联度越大，表明该农村商业银行的绩效水平越好；其值越小，表明该农村商业银行经营绩效水平越差。

从图 3.3 中可以看出，样本银行 2 和样本银行 3 的图形走向和图形形状差异很大，而样本银行 1 和参考银行的图形走向和图形形状最为接近，说明样本银行 1 在这几个银行中绩效水平最高，和参考银行的经营状况最相似。

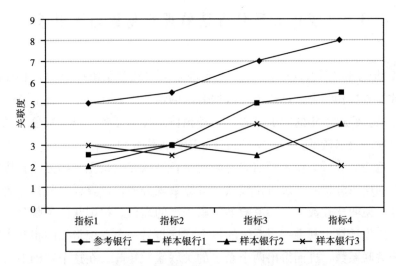

图 3.3　灰色关联法评价我国农村商业银行经营绩效原理

3.5.2　灰色关联分析法评价农村商业银行绩效的适用性

传统的数理统计方法要求样本数据充足，为保证结果准确，要求样本数据不相关并且符合典型的概率分布。在日常工作中，如不能达到传统统计方法的规定，会造成研究结果和现实情况不同，因而统计结果严重偏离事实，得出与现实相悖的研究结论。灰色关联分析法对于样本的数量没有特殊要求，其优势就是利用较少的数据建立科学的分析模型。

3.6　灰色关联分析法对农村商业银行绩效的实证检验

我国农村商业银行正处在起步阶段，其中很多银行成立时间较短，中间经历不断的改革创新，尽管取得很大的进展，但是农村商业银行的规模和治理能力与国有商业银行相比差距仍然巨大。并且由于农村商业银行发展时间短，制度尚需完善，数据资料尚需健全。在不符合正态分布的情形下，若采用传统的数据统计分析方法会导致研究结果的失真。因此，利用灰色关联分析法对于农村商业银行更具适用性。

3.6.1　灰色关联分析法评价指标权重的建立

在完整地评价我国农村商业银行改革绩效前，需要先确定每个指标的权重。确定指标权重的方法有多种，通常被采用的有平均赋值法、层次分析法等，本章采用多方案决策方法（AHP）来确定相应的指标权重。

在处理多个关联目标相关决策的问题时，AHP 是一种较为有效的方法。它先找出影响目标的因子，接着按因子相关关系的大小对其进行分类组合，从而构造不同层次的模型，最后将目标决策问题简化为结构模型所体现出的目标重要程度。托马斯萨蒂的层次分析理论告诉了我们层次分析法的具体步骤，首先，需要找到影响目标的因子，并分析这些因子之间的相关关系，判断本层次因子对前一层次目标的重要程度，从而构造判断矩阵。其次，利用判断矩阵分析出每一影响因子的重要程度，并对其进行一致性检验。最后，结合模型所要达成的总目标计算出各个影响因子的排序。

假设影响目标的因子一共有 n 个，分别用 c_1，c_2，c_3，…，c_n 表示，用 w_i 表示各个影响因子所占的权重。a_{ij} 表示影响因子 i 和影响因子 j 之间相互的影响，$a_{ij} = \dfrac{w_i}{w_j}$。假设 A 为项目决策的最终目标，利用层次分析法构造出的判断矩阵如表 3.2 所示。

表 3.2 判断矩阵

A	c_1	c_2	...	c_n
c_1	a_{11}	a_{12}	...	a_{1n}
c_2	a_{21}	a_{22}	...	a_{2n}
...	...	...	...	...
c_n	a_{n1}	a_{n2}	...	a_{nn}

假定影响因子 a_i 大于零，且满足 $a_{ij} = \dfrac{1}{a_{ji}}$，$a_{ij}$ 的取值大小可根据两因子影响程度的大小得出，具体如表 3.3 所示。

表 3.3 判断矩阵标度及其含义

a_{ij}	含义
1	c_i 与 c_j 具有相同影响力
3	c_i 比 c_j 具有稍强的影响力
5	c_i 比 c_j 具有较强的影响力
7	c_i 比 c_j 具有明显强的影响力
9	c_i 比 c_j 具有极端强的影响力
2、4、6、8	上述相邻判断之间的中值

资料来源：曾怡. 我国东部沿海地区县城和都市农村商业银行经营绩效对比研究 ［D］. 西南财经大学硕士论文，2013：25－38.

如果利用层次分析法构造出的判断矩阵满足 $a_{ij} = a_{ik} a_{kj}$ 的条件，同时满足 Aw = nw，则可认定此判断矩阵属于一致性矩阵。在这种情况下，该判断矩阵有且只有一个最大特征根 n，同时满足 n 不等于零。w 是一致性矩阵的特征向量，通过归一处理就得出了各影响因子所占的权重。[①]

接着，需要对判断矩阵进行一致性检验，结合模型所要达成的总目标计算出各个影响因子所占的权重。对判断矩阵进行一致性检验有以下几个步骤：第一步，通过计算求出其最大特征根 λ_{max} 和 λ。第二步，求解判断矩阵的一

---

① 陆萍. 在高校图书馆评估中运用层次分析法确定指标的权重 ［J］. 现代情报，2005，5：36－38.

致性指标 c_I，其满足条件 $c_I = \dfrac{\lambda_{max} - n}{n - 1}$。第三步，找寻随机一致性指标 R_I。R_i 所对应的数值如表 3.4 所示。第四步，求解一致性比率 CR，可由公式 $CR = \dfrac{CI}{RI}$ 得出。一般来讲，如果 CR 满足 CR≤10%，则表示对 a_{ij} 的标度是比较有效的，通过归一处理得出的 λ 可以体现出各影响因子所占的权重大小。若 CR > 10%，则此判断矩阵不符合一致性检验，我们需要重新给 a_{ij} 进行赋值，直至判断矩阵符合一致性检验。

表 3.4　　　　　　　　　　　　　**R_I 数值对应表**

n	1	2	3	4	5	6	7	8	9
R_I	0	0	0.52	0.89	1.11	1.25	1.35	1.40	1.45

　　本章建立的绩效评价体系具体可划分为三层：第一层是最终目标层，在此即为农村商业银行的改革绩效水平。为了更加全面地对其进行分析，本章考察了农村商业银行的盈利能力、流动性、安全性以及发展能力四个方面，以上四个方面构成了绩效评价体系的第二层。第三层包括上面所述的 12 个指标，本层是对第二层四个方面的细分和说明，具体层次如图 3.4 所示。

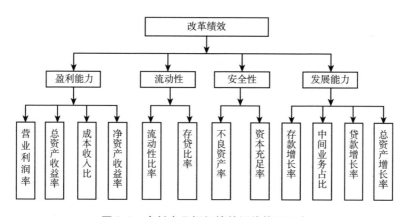

图 3.4　农村商业银行绩效评价体系层次

　　根据构建的层次分析图，对每一层的样本指标两两进行比较，并构建判断矩阵，运用 AHP 计算每一层样本指标对上一层指标以及本层样本指标之间的比重。同时，计算 CR。对判断矩阵进行一致性检验，若其无法通过检验，则对矩阵进行调整，直至通过检验。① 结果如表 3.5、表 3.6、表 3.7、表 3.8 和表 3.9 所示。

表 3.5 中间层相对于目标层一致性比率

CR：0.0077；权重：1

经营绩效	盈利能力	流动性	安全性	发展能力	w_i
盈利能力	1	3	4	4	0.54
流动性	0.33	1	2	2	0.22
安全性	0.25	0.5	1	1	0.12
发展能力	0.25	0.5	1	1	0.12

表 3.6 盈利能力指标权重

CR：0.0043；对经营绩效的权重：0.54

盈利能力	营业利润率	总资产收益率	成本收入比	净资产收益率	w_i
营业利润率	1	0.25	3	0.33	0.14
总资产收益率	4	1	5	2	0.49
成本收入比	0.33	0.2	1	0.25	0.07
净资产收益率	3	0.5	4	1	0.3

表 3.7 流动性指标权重

CR：0.00；对经营绩效的权重：0.22

流动性	流动性比率	存贷比率	w_i
流动性比率	1	0.5	0.33
存贷比率	2	1	0.67

表 3.8 安全性指标权重

CR：0.0171；对经营绩效的权重：0.12

安全性	不良贷款比率	资本充足率	w_i
不良贷款比率	1	0.5	0.33
资本充足率	2	1	0.67

---

① 数据均来自 yaahp 软件输出结果，其中指标的赋值借鉴托马斯萨蒂的 1－9 标度方法。

表 3.9　　　　　　　　　　　　发展能力指标权重

CR：0.0171；对经营绩效的权重：0.12

发展能力	存款增长率	中间业务收入占比	贷款增长率	总资产增长率	w_i
存款增长率	1	3	2	4	0.47
中间业务收入占比	0.33	1	0.5	2	0.16
贷款增长率	0.5	2	1	2	0.26
总资产增长率	0.25	0.5	0.5	1	0.11

上述判断矩阵的 CR 均小于 10%，则判断矩阵通过一致性检测，计算出的权重有效。将最底层指标权重与评价指标相乘，最终可以得到最底层的相对评价目标的权重。结果如表 3.10 所示。

表 3.10　　　　　　　与银行经营相关的指标对经营绩效的权重

经营绩效水平	权重 w_i
营业利润率	0.076
总资产收益率	0.265
成本收入比	0.038
净资产收益率	0.162
流动性比率	0.073
存贷比率	0.147
不良贷款比率	0.04
资本充足率	0.08
存款增长率	0.056
中间业务收入占比	0.019
贷款增长率	0.031
总资产增长率	0.013

3.6.2　样本的选择及数据来源

本章首先根据区域的不同对全国进行了地域划分，从而达到对我国农村商业银行经营绩效水平的研究，并比较不同地区之间的经营绩效差异。其中划分的依据主要是地区经济发展的不同，并参考了经济一致性和地理邻近性原则，将我国划分成了三大经济地区，即东、中、西三个地区。其中东部地区主要指的是上海、广东等 11 个省份。中部地区主要指的是湖北、安徽等 8 个省份。西部地区主要指的是四川、重庆等 12 个省份。但考虑到各地经济发展水平各不相同，中西部地区农村信用社向农村商业银行的转型也发生在不同时期，没有完整的年报数据。本章综合考虑上述因素，考虑到样本数据的可用性和样本的代表性，选取东部地区农村商业银行七家，分别为北京农商行（B1）、上海农商行（B2）、江阴农商行（B3）、吴江农商行（B4）、张家港农商行（B5）、广州农商（B6）、顺德农商行（B7）。中部地区三家，分别为南昌农商行（C1）、武汉农商行（C2）、合肥科技农商行（C3）。西部地区三家，分别为成都农商行（D1）、重庆农商行（D2）和黄河农商行（D3）。为了能够充分地反映各农村商业银行的经营绩效水平，我们选取了截至 2016 年 12 月 31 日的各农村商业银行年报数据，如表 3.11 所示。

表 3.11　　　　　　　2016 年各家农村商业银行经营指标原始数据　　　　单位:%

样本银行	A1	A2	A3	A4	A5	A6	A7	A8	A9	A10	A11	A12
B1	49.27	0.79	37.82	14.45	37.93	45.23	0.97	12.88	9.81	9.79	1.47	20.15
B2	49.55	1.11	35.32	14.29	38.45	66.95	1.34	12.52	13.81	9.17	14.65	20.97
B3	38.05	0.93	31.36	11.48	85.97	70.87	2.01	13.75	7.25	2.63	3.02	8.27
B4	31.77	0.87	23.35	9.21	45.65	71.63	1.87	13.56	10.17	2.53	7.74	15.37
B5	16.76	0.85	35.19	9.93	42.87	70.69	1.97	15.05	5.77	2.44	4.03	14.42
B6	38.93	0.94	28.85	14.64	54.91	51.13	1.81	12.75	23.14	18.95	20.59	24.91
B7	53.73	1.37	27.84	13.79	49.61	72.75	1.76	14.13	8.33	9.07	8.59	8.57
C1	24.15	1.13	33.15	15.16	49.45	70.83	1.83	13.75	19.22	7.47	17.85	47.07
C2	47.97	1.45	28.96	15.53	45.73	71.79	1.77	14.07	14.45	4.44	11.86	10.69
C3	50.97	1.03	27.56	13.69	45.15	72.06	1.93	12.77	16.15	3.03	18.82	10.95
D1	52.93	0.68	34.88	14.31	42.15	43.25	1.01	13.97	4.54	10.46	16.84	1.67
D2	43.81	1.07	34.67	15.81	40.57	57.13	0.97	12.11	14.78	6.85	10.91	15.84
D3	44.14	0.93	34.40	10.55	50.37	73.33	1.81	11.95	8.73	8.80	16.44	7.09

资料来源：样本农村商业银行 2016 年财务报表。

样本的数据主要来源于各个农村商业银行公开发布的年报以及相关银行的互联网数据资料等，共计 13 个样本。

3.7 灰色关联分析法评价过程

本章以灰色关联分析法的相关步骤为基础, 结合 2016 年 13 家样本银行的财务数据进行了详细的介绍。

3.7.1 确定指标数据矩阵

确定参考数列和比较数列, 样本中每一个样本指标最优值构成参考数列。假设有 m 家银行, n 个样本指标值, 参考数列 $X_0 = (x_{01}, x_{02}, \cdots, x_{0n})$, 表示该指标的最优值。比较数列 $X_i = (x_{i1}, x_{i2}, \cdots, x_{in})$, $i = 1, \cdots, m$。m 个样本银行, n 个指标构成的绩效评价系统矩阵为:

$$X_i = \begin{pmatrix} x_{11} & \cdots & x_{1n} \\ \vdots & \ddots & \vdots \\ x_{m1} & \cdots & x_{mn} \end{pmatrix}$$

3.7.2 指标数据处理

由于系统中每个因素都有正负向指标, 并且由于原始数据单元不同且原始数据的数量级不同, 故有必要使用统计方法处理数据。因此, 在对比较数列中的样本数据进行灰色关联分析时, 首先需要正向化处理样本指标。其中, 主要有两种处理方式: 一种是指标取倒数; 另一种是指标取相反数。这两种方法具有相同的效果。本章选择前者。处理后的数据如表 3.12 所示。

表 3.12 　　　　　　2016 年各家农村商业银行经营指标正向化数据 　　　　单位:%

样本银行	A1	A2	A3	A4	A5	A6	A7	A8	A9	A10	A11	A12
B1	49.29	0.82	264.60	14.49	37.93	221.21	10204.12	12.85	9.78	9.89	1.48	20.16
B2	49.54	1.07	283.24	14.32	38.46	149.43	7246.42	12.48	13.80	9.18	14.66	20.98
B3	38.03	0.93	319.01	11.52	86.00	141.14	5025.17	13.70	7.22	2.69	3.06	8.27

样本 银行	A1	A2	A3	A4	A5	A6	A7	A8	A9	A10	A11	A12
B4	31.8	0.85	429.03	9.21	45.65	139.53	5376.38	13.56	10.13	2.54	7.78	15.37
B5	16.78	0.82	284.12	9.94	42.88	141.52	5102.08	15.05	5.73	2.45	4.07	14.45
B6	38.92	0.94	346.77	14.67	54.92	195.64	5555.60	12.74	23.14	19.00	20.61	24.92
B7	53.73	1.35	359.10	13.80	49.62	137.44	5649.76	14.10	8.29	9.11	8.61	8.57
C1	24.18	1.11	301.60	15.16	49.44	141.24	5434.82	13.72	19.18	7.51	17.86	47.08
C2	47.97	1.46	345.45	15.53	45.73	139.33	5586.63	14.02	14.42	4.45	11.92	10.70
C3	50.97	0.99	362.48	13.70	45.48	138.81	5235.64	12.74	16.11	3.04	18.84	10.95
D1	52.96	0.66	286.81	14.34	42.15	231.18	10000.04	13.93	4.54	10.47	16.91	1.67
D2	43.81	1.07	288.30	15.82	40.60	175.09	10204.12	12.07	14.75	6.86	10.93	15.84
D3	44.14	0.91	290.68	10.55	50.38	136.41	5586.63	11.90	8.69	8.85	16.43	7.09

同时，由于样本序列中的每个影响因子可能具有不同的量纲或单位，因此很难对样本数据进行比较，或者即使进行比较，我们也会得到与实际情况完全不同的分析结果。因此，有必要消除原始样本数据的量纲并将其转换为可比较的数据。目前，有三种主要方法可以消除原始样本数据的量纲。本章采用均值变换。公式如式（3.1）所示。

$$y_{ik} = \frac{x_{ik}}{\frac{1}{n}\sum_{i=1}^{n} x_{ik}}; k = 1 \cdots\cdots n \qquad (3.1)$$

则矩阵 X_i 经正向化和标准化之后形成新矩阵：

$$Y = \begin{pmatrix} y_{11} & \cdots & y_{1n} \\ \vdots & \ddots & \vdots \\ y_{m1} & \cdots & y_{mn} \end{pmatrix}$$

采用上述方法正向化和标准化农村商业银行样本数据，将样本指数乘以相应的指标权重。标准化处理和与指标权重相乘后的结果如表 3.13 所示。

表3.13　　　　2016 年各家农村商业银行经营指标无量纲化及权重后数据　　　单位:%

样本银行	A1	A2	A3	A4	A5	A6	A7	A8	A9	A10	A11	A12
B1	8.76	20.84	2.93	15.71	5.93	20.90	6.06	7.82	4.80	1.44	0.37	1.68
B2	8.81	27.22	3.13	15.52	6.01	14.11	4.30	7.60	6.77	1.33	3.60	1.75
B3	6.76	23.69	3.52	12.47	13.46	13.33	2.99	8.33	3.54	0.38	0.75	0.70
B4	5.66	21.58	4.73	9.97	7.14	13.18	3.20	8.25	4.97	0.36	1.91	1.28
B5	2.99	20.84	3.14	10.76	6.70	13.37	3.03	9.15	2.81	0.34	1.00	1.21
B6	6.92	23.94	3.83	15.90	8.59	18.48	3.30	7.75	11.36	2.78	5.06	2.07
B7	9.55	34.28	3.96	14.96	7.76	12.98	3.36	8.58	4.06	1.32	2.12	0.72
C1	4.30	28.23	3.33	16.43	7.73	13.34	3.23	8.35	9.41	1.09	4.39	3.89
C2	8.53	37.05	3.81	16.84	7.15	13.16	3.32	8.53	7.08	0.64	2.93	0.90
C3	9.06	25.08	4.00	14.85	7.06	13.11	3.11	7.75	7.91	0.43	4.63	0.92
D1	9.42	16.88	3.17	15.54	6.59	21.84	5.94	8.47	2.22	1.52	4.16	0.16
D2	7.79	27.22	3.19	17.15	6.35	16.54	6.06	7.35	7.24	0.99	2.69	1.32
D3	7.85	23.13	3.21	11.42	7.88	12.88	3.32	7.24	4.26	1.29	4.04	0.60

3.7.3　比较数据序列与参考数据序列的绝对差

通过从样本数列中选择最优的影响因素，由此得出的参考数列为：

$$X_0 = (9.54\%, 37.06\%, 6.09\%, 20.53\%, 13.47\%, 21.85\%, 7.14\%,$$
$$9.41\%, 18.13\%, 4.87\%, 10.76\%, 3.87\%)$$

由于比较数列的样本数据均与最优参考序列之间存在差异，表现为差序列，记为：$\Delta(k) = |x_0(k) - x_i(k)|$，其中 $i = 1, 2, 3 \cdots 12$；根据以上公式，对各家农村商业银行指标进行差序列计算后的结果如表 3.14 所示。

表3.14　　　　　　　2016 年样本银行差序列后数据　　　　　　单位:%

样本银行	A1	A2	A3	A4	A5	A6	A7	A8	A9	A10	A11	A12
B1	0.80	16.22	3.21	4.79	7.51	0.95	1.10	1.60	13.33	3.44	10.42	2.21
B2	0.75	9.84	3.00	4.98	7.43	7.74	2.86	1.82	11.36	3.55	7.18	2.14
B3	2.80	13.37	2.61	8.03	0.00	8.52	4.17	1.08	14.59	4.50	10.03	3.18

样本银行	A1	A2	A3	A4	A5	A6	A7	A8	A9	A10	A11	A12
B4	3.91	15.48	1.40	10.53	6.30	8.67	3.96	1.17	13.16	4.52	8.87	2.60
B5	6.57	16.22	2.99	9.74	6.73	8.49	4.13	0.26	15.32	4.53	9.78	2.68
B6	2.64	13.12	2.30	4.60	4.85	3.37	3.86	1.66	6.77	2.10	5.72	1.81
B7	0.01	2.78	2.17	5.54	5.68	8.87	3.80	0.84	14.06	3.56	8.67	3.16
C1	5.26	8.83	2.80	4.07	5.71	8.51	3.93	1.07	8.71	3.79	6.40	-0.01
C2	1.03	0.01	2.32	3.66	6.29	8.69	3.84	0.89	11.05	4.24	7.86	2.98
C3	0.50	11.99	2.13	5.65	6.37	8.74	4.05	1.66	10.22	4.45	6.16	2.96
D1	0.15	20.18	2.96	4.96	6.85	0.01	1.22	0.94	15.91	3.36	6.63	3.73
D2	1.77	9.84	2.95	3.35	7.09	5.31	1.10	2.07	10.89	3.89	8.10	2.56
D3	1.71	13.94	2.92	9.08	5.56	8.97	3.84	2.17	13.87	3.59	6.75	3.28

3.7.4 求样本数据极差

求绝对值序列的最值，即求：$\Delta(k) = |x_0(k) - x_i(k)|$，$k = 1, 2, \cdots, 12$；$i = 1, 2, \cdots, 11$ 的最大值与最小值。可得两极最大差值：$M = \max_i \max_j \Delta_{ij}(k)$，两极最小差值：$m = \min_i \min_j \Delta_{ij}(k)$。样本数据差序列结果为：$M = 20.17\%$，$m = 0$。

3.7.5 求关联系数

样本序列与参考序列之间的差异程度被称为关联性，则第 j 个银行的第 i 个指标与参考指标之间的关联系数计算公式为式（3.2）。

$$\gamma_{ij}(k) = \frac{\min_i \min_j \Delta_{ij}(k) + \xi \max_i \max_j \Delta_{ij}(k)}{\Delta_{ij}(k) + \xi \max_i \max_j \Delta_{ij}(k)} = \frac{m + \xi M}{\Delta_{ij}(k) + \xi M} \quad (3.2)$$

利用式（3.2）计算出关联系数。

其中，$\xi \in (0,1)$，$k = 1, 2, \cdots, 11$；$i = 1, 2, 3, \cdots, 12$；ξ 为分辨系数，一般情况下在 0.1 ~ 0.5 之间取值，本章在研究相关文献的基础上取常用值 0.5。关联系数矩阵为：

$$\begin{bmatrix} \gamma_{11}, \gamma_{12}, \gamma_{13}, \gamma_{14} \\ \gamma_{21}, \gamma_{22}, \gamma_{23}, \gamma_{24} \\ \gamma_{31}, \gamma_{32}, \gamma_{33}, \gamma_{34} \end{bmatrix}_{3 \times 4}$$

以 2016 年样本数据为例，可得具体数据如表 3.15 所示。

表 3.15　　　　　　　2016 年各家农村商业银行经营指标关联系数　　　　单位：%

样本银行	A1	A2	A3	A4	A5	A6	A7	A8	A9	A10	A11	A12
B1	92.72	38.37	75.98	67.75	57.24	91.44	90.23	86.25	43.12	74.65	49.25	81.97
B2	93.10	50.65	77.17	66.92	57.51	56.61	78.01	84.63	47.10	74.08	58.49	82.42
B3	78.31	43.03	79.57	55.66	99.98	54.22	70.80	90.23	40.92	69.23	50.20	75.93
B4	72.10	39.49	87.95	48.90	61.46	53.78	71.85	89.55	43.44	69.13	53.27	79.42
B5	60.55	38.37	77.23	50.86	59.87	54.33	71.03	97.36	39.74	69.06	50.83	78.95
B6	79.28	43.50	81.53	68.65	67.43	75.00	72.40	85.76	59.94	82.86	63.90	84.66
B7	99.97	78.45	82.43	64.50	63.88	53.22	72.69	92.23	41.82	74.02	53.85	76.07
C1	65.74	53.35	78.38	71.23	63.77	54.25	72.03	90.33	53.73	72.76	61.28	99.98
C2	90.76	100.02	81.43	73.31	61.50	53.73	72.49	91.82	47.78	70.48	56.29	77.09
C3	95.33	45.73	82.68	64.05	61.18	53.59	71.43	85.76	49.73	69.48	62.19	77.21
D1	98.63	33.35	77.40	67.01	59.47	99.99	89.27	91.37	38.85	75.12	60.42	72.94
D2	85.10	50.65	77.50	75.03	58.63	65.53	90.23	82.90	48.15	72.27	55.54	79.66
D3	85.52	42.02	77.66	52.62	64.37	52.95	72.49	82.20	42.16	73.82	60.00	75.37

3.7.6　关联度及排序

因为比较样本和参考样本之间的相关系数大并且分布范围太分散，所以不能在整体方面进行比较。因此，本章需要处理相关系数，并将曲线中各点的相关系数集中为一个值，即关联度。关联度可以反映农村商业银行与理想银行的业绩差距。通过对农商行关联度排序，试图了解农村商业银行的经营绩效水平大小。

计算关联度公式如式（3.3）所示。

$$\gamma_{ij} = \frac{1}{n}\sum_{k=1}^{n}\gamma_{ij}(k), i = 1,2,3,4; j = 1,2,3; n = 11; k = 1,2,\cdots,11$$

$$(3.3)$$

用式（3.3）计算各指标关联度如表 3.16、表 3.17、表 3.18、表 3.19、表 3.20 所示。

表 3.16　　　　　　　　　样本银行绩效评价指标关联度排序　　　　　单位:%

区域	样本银行	关联度
	北京农商行	70.76
	上海农商行	68.87
	江阴农商行	67.33
东部地区	吴江农商行	64.21
	张家港农商行	62.34
	广州农商	72.11
	顺德农商行	71.12
	南昌农商行	69.84
中部地区	武汉农商行	73.07
	合肥科技农商行	68.21
	成都农商行	71.97
西部地区	重庆农商行	70.11
	黄河农商行	65.09

表 3.17　　　　　　　　　样本银行盈利能力指标关联度排序　　　　　单位:%

区域	样本银行	盈利能力关联度
	北京农商行	68.72
	上海农商行	71.86
	江阴农商行	64.15
东部地区	吴江农商行	62.12
	张家港农商行	56.73
	广州农商	68.34
	顺德农商行	81.24

续表

区域	样本银行	盈利能力关联度
中部地区	南昌农行	67.09
	武汉农商行	86.36
	合肥科技农商行	71.96
西部地区	成都农商行	69.09
	重庆农行	72.11
	黄河农商行	64.56

表 3.18   **样本银行流动性指标关联度排序**   单位：%

区域	样本银行	流动性指标关联度
东部地区	北京农商行	74.46
	上海农商行	57.09
	江阴农商行	77.11
	吴江农商行	57.69
	张家港农商行	57.09
	广州农商	71.13
	顺德农商行	58.58
中部地区	南昌农商行	59.11
	武汉农商行	57.59
	合肥科技农商行	57.43
西部地区	成都农商行	79.69
	重庆农商行	62.12
	黄河农商行	58.69

表 3.19   **样本银行安全性指标关联度排序**   单位：%

区域	样本银行	安全性指标关联度
东部地区	北京农商行	88.27
	上海农商行	81.29
	江阴农商行	80.53
	吴江农商行	80.69
	张家港农商行	84.17
	广州农商	79.11
	顺德农商行	82.38

续表

区域	样本银行	安全性指标关联度
中部地区	南昌农商行	81.17
	武汉农商行	82.14
	合肥科技农商行	78.61
西部地区	成都农商行	90.31
	重庆农商行	86.5
	黄河农商行	77.37

表 3.20　　　　　　　　　　样本银行发展能力指标关联度排序　　　　　　　单位:%

区域	样本银行	发展能力指标关联度
东部地区	北京农商行	62.27
	上海农商行	65.54
	江阴农商行	59.11
	吴江农商行	61.29
	张家港农商行	59.67
	广州农商	72.79
	顺德农商行	61.47
中部地区	南昌农商行	71.91
	武汉农商行	62.89
	合肥科技农商行	64.67
西部地区	成都农商行	61.78
	重庆农商行	63.93
	黄河农商行	62.85

3.8　灰色关联分析法实证结果分析

根据灰色关联分析法的基本原理可知，样本指标的关联度与样本农村商业银行的排名成正比，这表明样本农村商业银行和构造的理想参考农村商业银行间的相关性越强，样本银行的绩效水平就会越高；反之则越低。

从模型结果分析来看，首先，与理想银行绩效水平相关性最大的是湖北武汉农村商业银行。其绩效水平较高的原因是在对各个指标的关联度进行了排序后，在所有13家农村商业银行与经营绩效水平相关的指标关联度排序中的盈利能力关联度排名中，湖北武汉农村商业银行排名最高。同时，发展能力关联度的排序也相对较高。可见，湖北武汉农村商业银行不仅仅积极发展自身传统业务的盈利能力，还积极发展中间业务类型，非利息收入也在大幅提高。在所有的样本银行中，湖北武汉农村商业银行的经营绩效水平很高，这主要是因为其具有很高的成本控制水平。当然，其中间业务收入占比也是最高的。然而，虽然在盈利能力和发展能力较高，但在其他指标的关联度分析中，湖北武汉农村商业银行在流动性和安全性指标上仍存在很大不足，与理想银行存在较大差距。其次，广州农商行在东部地区，从影响经营业绩水平的指标来看，广州农商行的发展指标有了很大的提高，在控制经营成本方面排名较高，并且其存贷款有很大增量，盈利能力有所提高。从实证结果可以看出，西部地区的两家农村商业银行在安全性和流动性方面较好，但还需要提高盈利能力和农村商业银行的可持续发展能力。与其他样本银行相比，贷款规模的增长和中间业务的发展仍然相对落后。

从实证结果分析我国农村商业银行改革绩效的区域间差异，排除个别的干扰项，综合分析可得以下结果：绩效水平与样本银行绩效水平关联度从高到低排列分别是中部地区的农村商业银行、东部地区的农村商业银行、西部地区的农村商业银行。考虑到各个影响因子的关联度，中部地区农村商业银行具有相对较高的盈利能力以及可持续发展能力，但其资产的流动性有所不足。东部地区农村商业银行同样具有较高的整体盈利能力和发展能力，但其相对较低的流动性及安全性指标有待提高。而对于西部地区农村商业银行，因为西部地区经济实力不足，开放程度不够，所以西部地区的金融业发展水平有所落后。这最终导致西部地区农村商业银行具有相对较弱的盈利能力和发展能力，但相对而言其具有相对较高的资产安全性。而在成本收入比方面，成本收入比从高到低排序依次是东部地区农村商业银行、中部地区农村商业银行、西部地区农村商业银行。地区间银行业的竞争程度在该指标的区域差异间接反映了出来。东部地区农村商业银行具有较强的盈利能力，因此体现出来的就是竞争更加激烈，东部地区农村商业银行需要付出更高的成本从而与中西部地区具有相同的收入水平。综上所述，实证结果分析表明这三个地区的农村商业银行经营绩效最终体现出了不一样的水平，不同地区在各不相同的评价指标上都拥有各自的优缺点，这也就使得不同地区的农村商业银行在了解需要弥补的缺点的同时，还能够积极地提高绩效水平。

3.9　研究结论及政策建议

3.9.1　研究结论

随着这几年经济的发展，对于我国农村经济的发展，农村商业银行的地位和功能越发重要。农村商业银行在经营方面不应违背商业银行发展规律，而应该结合农村商业银行现状，积极界定其在地区发展中的市场定位，由于各地区的经济发展水平不同，在不同地区我国农村商业银行的绩效水平也存在一定的差异。在此情况下，本章采用灰色关联分析法对流动性、安全性、盈利能力和发展能力进行了分析，通过选取的 12 个样本指标，以及分别代表东部、中部、西部地区的 13 家样本银行的 2016 年财务数据进行实证分析，根据实证的结果，可看出我国农村商业银行存在以下几个特点。

第一，东部地区农村商业银行具有很高的盈利能力。一是由东部地区金融竞争激烈造成的，农村商业银行必须积极提高盈利能力，才能在与其他商业银行的竞争中生存下来。二是东部地区农村商业银行规模大于其他地区农业商业银行，具有很高的金融业务创新能力。三是东部地区农村商业银行具有很强的中间业务发展水平，其中间业务在收入中所占比例较高，这是由于外部竞争环境的激烈迫使东部地区的农村商业银行积极发展中间业务，积极拓展存款业务和贷款业务。然而，随着近年来不断放缓的经济增长速度以及不停增加的金融风险，东部地区农村商业银行还是存在很多问题。在积极发展的同时，东部地区农村商业银行出现了不良贷款率高、存贷比高的问题，这影响了农村商业银行资产的流动性和安全性，导致资产规模过大。较大的经营成本可能会削弱规模经济的一些好处。

第二，中西部地区农村商业银行具有较低的不良贷款率，相对较高的资产安全性及流动性。与东部地区相比，中部地区农村商业银行中间业务收入占比不高，创新能力有所不足，同时资产的规模也相对落后；而西部地区农村商业银行资产规模较为不足且盈利能力也有所不足，贷款过于集中，中间业务收入比重小，金融发展及金融创新能力有待提高。

通过前面对三大地区农村商业银行的实证分析可以观察到，伴随着地区经济发展的不均衡，不同地区的农村商业银行改革绩效也呈现出不同的水平。通过对绩效影响因子的分析，明确了三大地区农村商业银行改革绩效的优劣势，并明确了影响其绩效的显著性影响因子。为了实现农村商业银行在未来可持续经营发展，本章从盈利性指标等影响性因素出发，结合当前经济发展形势对农村商业银行发展过程中存在的问题提出建议，为农村商业银行进一步提高提供参考。

3.9.2　政策建议

3.9.2.1　明确定位与特色经营

现如今我国经济发展速度逐步减缓，金融行业需要克服的困难也不断增多，因此相较于其他类型的银行，不论是中西部地区的农商行，还是东部农村的商业银行，发展都面临着巨大的挑战。与此同时，为了获得更高的规模回报，一些农村商业银行纷纷跨区域进行发展，而这样做将导致其不良贷款率和存贷比率大幅升高，银行面临的经营风险将会上升。当前我国的农村市场发展前景宽广，这是因为我国是世界上人口数量较多的国家，其中农村人口基数十分庞大，而且农村经济由于城镇化改革政策的影响也积极发展了起来。我国农村商业银行将一大批营业网点设立于农村，建立宗旨是服务农村，因此这一银行在农村有着无限的发展潜力。扎根于农村，养成服务群众的经营态度，农村商业银行应将本地区经济发展的优势考虑在内，培养出能够独立经营的能力，这样地方经济才能够更好地成长起来。不同区域联动发展可由大型的农村商业银行来实行。

3.9.2.2　加强与其他金融机构的合作

当前我国农村商业银行有着很多的短板，整体能力还需要全面锻炼，才能更好地服务于大众。因此，农商行需要与其他类型的银行多交流沟通，扩大自己的见闻面。首先可以使用其他类型银行的渠道来打开市场，增加业务种类和数量；其次可以向其他金融机构学习到宝贵的知识，充实自己的底蕴。建议如下：第一，和券商、基金等企业建立交流共赢关系，让客户享受到更为专业的服务。第二，根据自己的情况以及未来想要发展的方向，吸引更多的投资方来投资，利用好每一方经营长处，获取更多样的获益方法。第三，回归农村商业银行定位，宣传自身优势吸引投资者。

3.9.2.3 积极宣传，提升银行专业形象

农村客户是农村商业银行主要接待的客户群体，营业网点也基本分布于农村，我国的农村商业银行可能获得的定位较低，其专业化的金融服务也会被忽视。现如今竞争环境越来越激烈的情况下，我国农村商业银行应当学会将自己更好地推广出去，采用各种各样的推广方式来推广自己的产业服务、企业面貌，提高市场影响力，增加银行知名度，挖掘新的盈利增长点，积极促进农村商业银行金融服务咨询等中间业务的发展。

3.9.2.4 东部地区农村商业银行要提高风险控制水平

从现阶段得到的反馈来看，东部地区农村商业银行虽然有较高的收入，汇兑业务、信用证业务等业务的收入占总收入比例较高，但次级贷款时有发生，存贷款的增速也开始减缓，从而导致东部地区农村商业银行的综合经营绩效水平较低，尤其是相对于中部地区农商行来说。从东部地区农村商业银行的经营指标来看，安全性和流动性指标表现较差。因此，应当从银行风险管理观念、风险管理体系、风险管理方法等方面着手进行改进。第一，应当树立风险管理观念。农村商业银行主要依靠吸收存款的经营方式，因此在经营过程中也面临着各种风险。农村信用合作社是农村商业银行的前身，所以农信社的各种弊病也在农商行的身上凸显了出来。例如，员工没有受到系统的训练，缺乏专业素养，不能很好地应对风险。我国农村商业银行整体应对风险的能力较弱。因此，树立风险管理观念应成为首要的一步。第二，健全风险管控体系。采用风险回避、损失控制、风险转移和风险保留等方法并进行创新，将风险从源头上根除。第三，实施全面的风险管理方法。学会借鉴其他银行的比较系统的风险管理方法，取长补短，善于运用风险管理模型来甄别风险、规避风险。第四，注重对不良资产的处置。运用法律法规允许范围内的一切手段和方法对不良资产进行处置。

3.9.2.5 中西部加快金融创新，积极发展中间业务

从前面分析的结果来看，就资产的安全性与流动性而言，中西部地区农村商业银行具有较大优势。但相对于东部地区，中西部地区的农商行缺乏创

新能力，无法达成好的业绩，中间业务薄弱。因此，农村商业银行除了积极拓展存贷款业务，还应该大力发展其薄弱的中间业务，这是农商行一向的短板所在。中间业务收入可以显著提高农商行的整体实力，是以后发展的重中之重。相较于其他资产而言，中间业务的经营风险较小且可以作为一种备用手段应用于商业银行的风险管理中，同时在一定程度上给农商行带来相对稳定的资金流，改善农村商业银行的收入结构。因此，对于农村商业银行发展的重视程度应当提高到战略的高度。首先，从战略层面重视中间业务发展，规划发展方向。其次，应当重视技术，增强保障。金融科技与中间业务密切相关，数字化、信息化是发展中间业务的大方向。因此，应当积极凸显科技在中间业务中的作用，建立健全全面有效的信息技术体系，为中间业务的发展积聚后备力量。最后，农村商业银行应按所在地的发展状况、人均收入水平等增加自己的业务种类，提供更加多样化的服务。市场调研必不可少，重点挑选那些有针对性、高潜力、高收入的中间业务产品，而且要考虑到这些产品的差异性。这样，中间业务产品才能逐渐发展成为我国农村商业银行业务中的中流砥柱。

第4章 村镇银行改革绩效研究：
基于两阶段 DEA 交叉效率模型

面对农村金融抑制与金融排斥，为推动普惠金融发展和完善农村金融生态环境，银监会于 2006 年发布了《关于调整放宽农村地区银行业金融机构准入政策 更好支持社会主义新农村建设的若干意见》，推进了村镇银行的设立和发展。村镇银行作为新型农村金融机构之一，是建设社会主义新农村的创新产物，有填补农村金融服务空白、激活农村金融市场、增强农村地区的竞争力的作用，确立"支农支小，服务县域"的自身市场定位，并向下延伸分支机构拓展服务半径，为弱势及贫困群众提供多样化、个性化的产品服务。截至 2017 年末，全国共组建村镇银行 1564 家，资产规模约 1.4 万亿元，负债总额 1.23 万亿元，年末贷款余额 8279.8 亿元，高于银行业整体平均值 5.5 个百分点。① 因此村镇银行的发展一定程度上可以在农村地区形成有效互动，借助于服务方式简单便捷，发挥地域优势，丰富服务内容，提高服务质量，优化服务流程，起着加快地区金融发展、建设普惠金融的重要作用。

然而，村镇银行仍面临着知名度不高、吸收存款困难、优惠政策缺失、难以控制风险、高素质人才短缺以及市场定位不清晰等因素阻碍村镇银行发展（陆智强，2015）。这是因为村镇银行是一种社区性和微型性结合、政策性经营目标和商业性经营目标结合、兼顾经营绩效和社会绩效的银行，其发展的方向是与大银行差异化经营，以做小、做精、做强为特点。这种特点要求村镇银行自主经营、自负盈亏，保证自身发展，并且实现服务"三农"和小微企业的政策目标。在村镇银行的十余年发展历程中，暴露出村镇银行网点覆盖不足、金融供给不够、找不到自身的社会使命与前进方向等问题，导致金融资源配置不合理，村镇银行发展不平衡，无法满足经济快速发展对金

---

① 资料来源：中国银行业协会，http://www.china-cba.net/do/bencandy.php? fid=42&id=17192。

融资源多样性的巨大需求。

　　研究村镇银行的改革绩效时，由于其受到各种主客观因素的限制，使得村镇银行更加注重经营绩效，以有限的投入获得更多的产出。而测度经营绩效，可以体现出村镇银行的综合实力和竞争力，反映出银行治理能力和风控能力（胡腾宇，2011）。近年来，村镇银行正处于一个快速发展的时期，面对机会和风险共存，其经营绩效如何，如何进一步提升村镇银行的经营绩效。本章对此采用两阶段 DEA 交叉效率模型，研究了我国 30 家村镇银行 2015 ~ 2016 年两年的盈利能力和风险控制能力，比较不同阶段的效率水平，从而得出村镇银行的经营绩效现状，并提出针对性的对策建议。

4.1　国内外研究动态及文献综述

　　自村镇银行建立以来，国内一些学者对其绩效进行研究并取得大量的研究成果。何广文（2011）指出村镇银行需要商业银行适度介入，加强合作，增加城乡资金供给，缓解供求矛盾。曾刚、李广子（2011），利用大样本数据对村镇银行的绩效从盈利能力和风险两个角度进行考察，研究结果为资产规模对村镇银行的绩效具有积极的作用，并且存在明显的地区差异。董晓林、程超等（2014）运用非平衡面板模型研究了江苏省 54 家村镇银行，结果发现村镇银行的主发起行是农村金融机构相较于非农村金融机构，其经营效率具有明显优势；村镇银行的经营绩效在金融发展水平高的地区明显低于金融发展水平较低的地区；村镇银行成立时间、资产规模显著影响其经营绩效。陆智强等（2015）通过实证研究发现村镇银行在经济发展水平高的地区投入的资本规模大；大股东持股比例越高，村镇银行的投入资本规模反而越低；尤其在经济水平欠发达地区大股东持股比例越高对村镇银行的投入资本规模抑制的影响越大。葛永波等（2015）基于山东省的调查数据研究了村镇银行的经营绩效，得出人才素质对村镇银行的发展起着重要作用。熊德平等（2017）研究了 865 家村镇银行的农村金融供给、主发起行跨区经营与村镇银行网点数量，以及村镇模式选择与发展比较，结果表明，金融发展水平越高的地区，村镇银行的网点数量越低，主发起行跨区经营能力越大；村镇银行倾向于选用绝对控股模式，与其规模呈现倒 U 形关系，与发展速度呈反比关系；当跨区设立村镇银行时主发起行偏向选择绝对控股模式。吴玉宇、苏航（2017）使用长沙银行控股的三家村镇银行的调研数据进行分析，结果显示影响村镇银行经营绩效的最重要因素是资本安全性。

关于村镇银行的效率分析，一些国内学者采用 DEA 模型，并且现阶段该方法是研究我国村镇银行效率的主要方法（迟国泰等，2005）。吴少新等（2009）运用 DEA 超效率方法对我国四家村镇银行进行研究，发现我国村镇银行的整体效率不平衡，资本规模较低的村镇银行经营效率较低。李延春等（2012）结合村镇银行自身特点构建了基于 DEA 模型的村镇银行效率评价指标体系。胡竹枝、黄怡聪等（2015）使用 DEA 方法测算了我国村镇银行的效率，结果发现东部地区的效率比中西部地区低。温耀宗（2015）以甘肃省为例，研究得出需要从内部管理、投入产出水平以及规模方面提升效率。徐淑芳、余楚楚（2016）采用 DEA 方法测算了我国村镇银行的财务效率，得出现阶段村镇银行的财务效率处于较低水平，所处环境会影响其财务效率。陈俊鹏（2016）对 16 家村镇银行经营效率进行研究发现内部治理的影响大于外部环境。向昌莲（2016）、高宏霞等（2016）、杨世伟（2017）基于 DEA 方法分别对少数民族地区、甘肃省、贵州省的村镇银行经营绩效进行研究。

除了使用 DEA 模型对商业银行的经营绩效进行研究，国内外部分学者采用了两阶段 DEA 模型。塞福德和朱（Seiford and Zhu，1999）将银行经营过程分为盈利过程和市场化过程。毕功兵等（2007）采用两阶段 DEA 模型，选取中间指标为一般存款和同业存放，产出指标为贷款和账面利润，研究了中国某商业银行一级分行下属的 17 个二级分行的效率。任祝景（2008）建立新的两阶段非线性 DEA 模型，选择一个中间变量，研究了 IT 对商业银行的经营绩效影响。周逢民、张会元等（2010）从商业银行的资金组织和资金经营两个阶段研究了我国银行业的实际情况。张启平（2010）考虑到银行的投入是从人力、物力、财力方面选择投入指标，将吸收存款和同业存放作中间指标，输出考虑的是资产配置、盈利能力和业务创新能力方面。王赫一、张屹山（2012）加入"虚拟中间要素"完善了两阶段 DEA 方法，并应用于我国上市公司的运营绩效。曾薇等（2016）将银行理财产品的运营过程分为两个阶段，第一阶段是创新产品设计，第二阶段是创新产品表现，以此研究了我国银行业的创新效率。刘瑞翔等（2016）把银行的运营过程分为存款获取和利润获取两个阶段，并且加入了不良贷款指标以衡量非期望产出。

目前国内学者倾向于村镇银行的特定区域或某一方面，如公司治理、资产规模等方面（赵志刚、巴曙松，2011），对其实证研究的文献较少。产生这一现象的主要原因是村镇银行发展较晚，数量偏少，大多数没有公开的信息披露，难以获得可靠数据。以往研究村镇银行的效率通常采用 DEA 模型，这仅仅考虑了村镇银行整体的投入产出效率，而没有挖掘其深层次原因，目前没有相关文献采用两阶段 DEA 交叉效率模型来研究村镇银行的经营绩效。本章在此做出尝试，借鉴他人研究，考虑村镇银行经营过程的内部结构，选取合理的指标体系，使用两阶段 DEA 交叉效率模型分析我国村镇银行的经营绩效。

4.2　模型构建及指标选取

4.2.1　模型构建

第一个将数据包络分析（DEA）方法运用在银行研究中的是谢尔曼和戈尔德（Sherman and Gold，1985），他们评估了 14 家样本银行的效率。DEA 方法的优点在于无须构建具体生产函数形式，研究中受到的约束相对较少；并且对于处理多投入和多产出的情况较为容易。而 DEA 模型在某些投入与产出的长处夸大、短处规避，从而导致了不符合实际的效率测度结果。由于 DEA 模型的数据来自有限的经验结果，因此研究的结果可能会受到随机干扰项的影响，也容易受到极端值的影响。对此，塞克斯顿（Sexton，1986）提出了 DEA 交叉效率的概念，将"自评"和"他评"结合评价决策单元的效率，弱化了只采用"自评"所产生的极端值，无须任何权重假设，具有客观性。首先，对于决策单元 DMU_d 而言，投入导向型的 DEA 模型可以表示为式（4.1）。

$$\begin{cases} \max E_{dd} = \dfrac{\sum\limits_{r=1}^{s} \mu_{rd} y_{rd}}{\sum\limits_{i=1}^{m} \omega_{id} x_{id}} \\[4mm] \text{s. t.} \\[2mm] E_{dj} = \dfrac{\sum\limits_{r=1}^{s} \mu_{rd} y_{rj}}{\sum\limits_{i=1}^{m} \omega_{id} x_{ij}} \leqslant 1, j = 1, 2, \cdots, n \\[4mm] \mu_{rd} \geqslant 0, r = 1, 2, \cdots, s \\[2mm] \omega_{id} \geqslant 0, i = 1, 2, \cdots, m \end{cases} \tag{4.1}$$

在模型中，E_{dd}是决策单元DMU_d的相对效率，$d = 1, 2, \cdots, n$，使E_{dd}达到最大，用最有利于DMU_d的相对效率来获得尽可能大的效率评价值，即在给定投入的前提下，是否可以得到较多的产品。当目标函数值为1时，表明被评价单元是DEA有效的决策单元。当目标函数值小于1时，表明被评价单元是非有效的决策单元。μ_{rd}和ω_{rd}分别是相对于DMU_d的第r种产出和第i种投入的虚拟价格，则$\sum\limits_{r=1}^{s} \mu_{rd} y_{rd}$为$DMU_d$的虚拟产出，$\sum\limits_{i=1}^{s} \omega_{id} x_{id}$为$DMU_d$的虚拟投入。各个$\mu_{rd}$和$\omega_{rd}$组成的虚拟价格体系$(\mu_{rd}, \omega_{id})$使$E_{dd}$最大化，这是采取"自评"的虚拟价格体系。"他评"和"自评"是相对应的，当虚拟价格体系(μ_{rd}, ω_{id})最优时，用这组虚拟价格体系评价$DMU_d, j \neq d$的效率，即$E_{dj} = \sum\limits_{r=1}^{s} \mu_{rd} y_{rj} / \sum\limits_{i=1}^{m} \omega_{id} x_{ij}$，则这组虚拟价格体系就叫作"他评"与"自评"相结合的虚拟价格体系，这样构成了交叉效率模型。在有n个DMU_d的情况下，每一个DMU都有n－1组"他评"的虚拟价格体系，1组"自评"的虚拟价格体系，则n－1组的交叉效率为：$E_{jd} = \sum\limits_{r=1}^{s} \mu_{rj} y_{rd} / \sum\limits_{i=1}^{m} \omega_{ij} x_{id}, j = 1, 2, \cdots, n, j \neq d$。根据上式，可以得出决策单元的交叉效率矩阵如式（4.2）所示。

$$
\begin{bmatrix}
E_{11} & \cdot & & \cdot & E_{1n} \\
\cdot & & & & \cdot \\
\cdot & & E_{dd} & & \cdot \\
\cdot & & & & \cdot \\
E_{n1} & \cdot & & \cdot & E_{nn}
\end{bmatrix}
\tag{4.2}
$$

可以看出每一个DMU_d都对应一个DEA相对效率（主对角线上的元素）和n－1个交叉效率，则平均的交叉效率值为$\overline{E_d} = \sum\limits_{j=1}^{n} E_{jd}, j = 1, 2, \cdots, n$。

其次，由于在DEA方法应用上将多阶段生产过程简单地看成单阶段，相当于一个"黑箱"，忽略了内部运作过程，割裂了各个阶段之间的关系，浪费了大量信息，导致结果失去合理性。卡奥等（Kao et al., 2007）提出了对于两个关联子阶段进行综合评价的DEA两阶段模型，该模型的最终综合效率为两个子阶段效率的乘积。模型假设前提是第一阶段的产出等于第二阶段的投入，并且第一阶段产出的权重和第二阶段投入的权重保持一致。而这样计算实质上相当于对两个独立的子系统分别评价，只能应用在规模收益不变的情况下。陈等（Chen et al., 2013）提出的加权性效率分解 DEA 两阶段模型克服了以上问题。将决策单元的综合效率分解为加权平均的形式，换言之是将系统的综合效率看成了两个子系统和的形式，适用于可变规模收益的情况，其模型应用及拓展更为优化。两阶段过程具体描述如下：共有 n 个决策单元 DMU_d，每个决策单元包含两个过程，分别记为"第一阶段"和"第二阶段"，将两个阶段的分效率进行加权平均，即 $E_d = \max w_1 \dfrac{\eta^T Z_d}{v^T X_d} + w_2 \dfrac{u^T Y_d}{\eta^T Z_d}$，式中的 w_1 和 w_2 分别是第一阶段和第二阶段的权重，如式（4.3）所示。

$$
\begin{cases}
E_d = \max w_1 \dfrac{\eta^T Z_d}{v^T X_d} + w_2 \dfrac{u^T Y_d}{\eta^T Z_d} \\[2mm]
\text{s. t.} \\[2mm]
\dfrac{\eta^T Z_j}{v^T X_j} \leqslant 1, j = 1, \cdots, n \\[2mm]
\dfrac{u^T Y_j}{\eta^T Z_j} \leqslant 1, j = 1, \cdots, n \\[2mm]
\eta \geqslant 0, u \geqslant 0, v \geqslant 0
\end{cases}
\tag{4.3}
$$

最后，以基于两阶段 DEA 模型所求的效率为前提，满足第一阶段的分效率最大化，可得到式（4.4）。

$$
\begin{cases}
E_d^{(1)} = \max \dfrac{\eta^T Z_d}{v^T X_d} \\[2mm]
\text{s. t.} \\[2mm]
\dfrac{\eta^T Z_j}{v^T X_j} \leqslant 1 \\[2mm]
\dfrac{u^T Y_j}{\eta^T Z_j} \leqslant 1 \\[2mm]
\dfrac{\eta^T Z_d + u^T Y_d}{v^T X_d + \eta^T Z_d} = E_d^* \\[2mm]
\eta, u, v \geqslant 0, j = 1, \cdots, n
\end{cases}
\tag{4.4}
$$

同理可以得出第二阶段的分式求解模型。

由以上建立的模型确定两阶段 DEA 交叉效率模型的具体计算步骤：

（1）分析中间过程，由两阶段 DEA 模型计算整个生产系统下的每个决策单元的效率。（2）分别应用阶段的分式求解模型计算出第一阶段、第二阶段的权重。（3）列出第一阶段、第二阶段的交叉效率矩阵，分别求出第一阶段、第二阶段的平均交叉效率。

4.2.2　投入产出指标的选择

本章将村镇银行的经营过程分为两个阶段考察其经营绩效，第一阶段是村镇银行的盈利能力，盈利能力体现了村镇银行在区域内存贷业务情况。第二阶段是风险控制能力，由于村镇银行面对的主要客户是弱势和贫穷群体，受自然因素影响人，缺乏有效担保物，素质普遍较为低下，存在着巨大的经营风险，所以村镇银行的风险控制能力对经营绩效而言十分重要。

借鉴已有研究，考虑到数据的完整性与可得性，选取的投入产出指标为：第一阶段的投入指标一是机构网点数。考虑到村镇银行与大银行在网点数量上差距很大，对经营绩效影响较为显著，体现了村镇银行在多大程度上服务了目标客户，农村金融需求主体获得服务的便利性，对村镇银行的发展具有重要作用。二是总资产。该指标是指可以使用和支配的资金，综合影响了村镇银行的风险承受能力、业务发展能力、竞争力等多方面因素。总资产越高表明整体运营规模越大，村镇银行的实力越强。三是股东权益。其代表了股东拥有的所有权，表明各股东在村镇银行资产中享有的经济利益。

中间指标一是营业收入，由于传统的存贷款业务是村镇银行主要业务，实现盈利的主要渠道是向"三农"和小微企业发放小额贷款，从而选取营业收入表明存贷款的收入情况，反映了村镇银行主要业务能力；二是利润总额，村镇银行实质上是商业银行，利润最大化是其经营目标，所以选取利润总额可以体现银行的经营成果。

第二阶段的产出指标为：不良贷款率和拨备覆盖率，体现村镇银行的风险控制水平；流动性比例和资本充足率体现了村镇银行的偿债能力，表明村镇银行资金流动性强弱，"三农"主要需求是中长期贷款以及短期存款，这要求村镇银行资金具有一定的流动性。两阶段指标投入产出情况如图 4.1 所示。

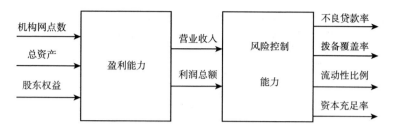

图4.1 两阶段指标投入产出情况

4.2.3 决策单元的选取

村镇银行促使农村金融市场的资金供应主体多元化、治理结构更为规范、产权结构具备多元开放的特征，是我国农村金融领域的创新。考虑到样本数据的分散性和可得性，查阅村镇银行的财务报告和网站信息，剔除数据缺失的村镇银行，本章选取了我国分布在东、中、西部不同经济发展水平地区的30家村镇银行①作为决策单元，以2015年和2016年的投入产出指标作为分析数据，以下用数字1~30来表示。样本银行的数据均来自各家村镇银行网站所披露的年度报告以及财务报表。

4.3 实证研究与结果分析

4.3.1 实证研究过程

本章运用上述所建立的模型以及确定的各个指标，通过MATLAB软件对中国2015年和2016年的30家村镇银行样本数据进行测算，各家村镇银行的两阶段交叉效率结果如表4.1所示。

---

① 30家村镇银行简称分别是昆山鹿城、象山国民、梅县客家、沭阳东吴、浙江永嘉恒升、深圳南山宝生、上虞富民、温岭联合、浙江三门银座、江苏射阳太商、北京顺义银座、浙江柯桥联合、深圳福田银座、江西赣州银座、重庆渝北银座、重庆黔江银座、浙江景宁银座、安徽裕安盛平、云南安宁稠州、广州花都稠州、安徽濉溪湖商、安徽肥东湖商、广东惠东惠民、安徽潜山江淮、佛山高明顺银、天津津南、醴陵沪农商、澧县沪农商、桂阳沪农商、石门沪农商村镇银行。

表 4.1   **2015 年和 2016 年的效率计算值**

分析数据	2015 年			2016 年		
	第一阶段	第二阶段	综合效率	第一阶段	第二阶段	综合效率
1	0.4935	0.0325	0.2994	0.4855	0.0538	0.3078
2	0.4890	0.0475	0.3066	0.4703	0.1311	0.3395
3	0.2768	0.1668	0.2361	0.3101	0.2607	0.2912
4	0.5207	0.0319	0.3331	0.5172	0.0595	0.3430
5	0.6221	0.0719	0.3724	0.6530	0.0814	0.3862
6	0.5759	0.0215	0.2987	0.6281	0.0272	0.3277
7	0.2949	0.2562	0.2818	0.2469	0.3106	0.2661
8	0.9927	0.0257	0.5092	0.9863	0.0439	0.5151
9	0.6905	0.0381	0.3654	0.7604	0.0625	0.4115
10	0.5424	0.1344	0.3805	0.5727	0.3315	0.4777
11	0.6059	0.0218	0.3376	0.5748	0.0315	0.3468
12	0.3802	0.0620	0.2795	0.4558	0.0919	0.3143
13	0.6504	0.0188	0.3628	0.6566	0.0199	0.3739
14	0.6854	0.0107	0.3573	0.6660	0.0143	0.3751
15	0.6563	0.0173	0.3708	0.6527	0.0234	0.3944
16	0.7521	0.0825	0.4173	0.8358	0.0820	0.4589
17	0.7867	0.1113	0.4490	0.8175	0.1658	0.4916
18	0.5679	0.0765	0.3579	0.6640	0.0658	0.3649
19	0.4775	0.3435	0.4251	0.4496	0.6280	0.5194
20	0.4104	0.0539	0.2973	0.3373	0.1246	0.2808
21	0.2739	0.8815	0.4830	0.2712	0.9596	0.4855
22	0.3575	0.7639	0.4991	0.3241	0.8601	0.5081
23	0.2307	0.9839	0.4590	0.3560	0.7376	0.5058
24	0.5278	0.1461	0.3748	0.4644	0.2370	0.3811
25	0.2109	0.4248	0.2666	0.2258	0.8113	0.3787
26	0.4873	0.0322	0.3174	0.4639	0.0588	0.3142
27	0.6005	0.1683	0.4181	0.5929	0.1905	0.4200
28	0.5731	0.3876	0.4913	0.4896	0.5936	0.5311
29	0.4861	0.1249	0.3252	0.4335	0.1747	0.3445
30	0.6154	0.3260	0.4722	0.6051	0.2413	0.4232
均值	0.5278	0.1955	0.3715	0.5322	0.2491	0.3959

4.3.2 实证结果分析

第一，2015 年和 2016 年两个阶段的具体效率值如表 4.1 所示，我国村镇银行的综合效率较为低下，分别为 0.3715 和 0.3959。这表明整体村镇银行经营形势严峻，不容乐观，自身发展较为艰难。从两个阶段分别来看，这两年第一阶段的效率均高于第二阶段，第一阶段内我国村镇银行的盈利能力的平均效率值分别为 0.5278 和 0.5322。而到了第二阶段的风险控制能力的平均效率表现较差，仅为 0.1955 和 0.2491。这显示出我国村镇银行的盈利能力比风控能力强。以时间序列来看，不管是综合效率还是各个子阶段的效率值，2016 年都要比 2015 年的高，投入产出水平有所增加，整体效率有所提升。我国村镇银行实现政策性目标和商业性目标面临巨大挑战，盈利能力难以维持，风险控制更是不尽如人意。主要原因是村镇银行服务对象是"三农"和小微企业，其缺乏有效担保物，素质偏低，还款意愿能力较低，以及银行自身风险管理机制不完善，这使得村镇银行资源配置不合理，以致发展艰难。

第二，将样本村镇银行按照东部地区和中西部地区进行划分，其交叉效率值如表 4.2 所示，东部地区和中西部地区的村镇银行之间表现差异较大，分化现象严重。中西部地区村镇银行的第一阶段和第二阶段的效率值都明显高于东部地区村镇银行的效率值，从而在综合交叉效率上也体现出显著优势，这结果与葛永波等（2015）的研究结果一致。村镇银行选择在东部设址是因为东部资金流动性大，股东愿意加大对村镇银行的资本投入，但是由于竞争激励，村镇银行处于起步阶段，盈利模式比较单一，覆盖广度不够，其发展受限，结果显示经营绩效表现不如预期。而设址在中西部地区的村镇银行经营绩效表现良好，盈利能力和风险控制能力都很强，这是因为在中西部地区金融业竞争程度低，生存发展空间较大，并且政府的扶持和优惠政策相对较多，更容易扩大规模，提高业绩。在中西部地区，村镇银行能较好地实现政策性目标，并且表 4.2 的结果显示出也能较好实现商业性目标。

表 4.2 东部与中西部的村镇银行效率均值

阶段	年份	东部	中西部
第一阶段	2015	0.5145	0.5478
	2016	0.5288	0.5374

续表

阶段	年份	东部	中西部
第二阶段	2015	0.1408	0.2774
	2016	0.1891	0.3392
综合	2015	0.3418	0.4160
	2016	0.3707	0.4339

注：东部省份：辽宁、河北、北京、天津、山东、江苏、浙江、上海、福建、广东、广西和海南。中西部省份：黑龙江、吉林、内蒙古、山西、河南、湖北、江西、安徽和湖南以及陕西、甘肃、青海、宁夏、新疆、四川、重庆、云南、贵州和西藏。

第三，本章按照最大银行业金融机构的持股比例①进行划分。从第一阶段的效率值可以看出，绝对控股村镇银行（持股比例大于50%）的盈利能力比相对控股村镇银行强，反而在第二阶段，绝对控股村镇银行的风险控制能力弱一些，这是因为其他股东参与度太低时，绝对控股村镇银行独自面对农村金融较高的风险，无法有效分散风险。综合来看，绝对控股村镇银行与相对控股村镇银行的经营绩效差距不大，绝对控股村镇银行略有优势。绝对控股村镇银行可以发挥自身优势，具有较强的经营管理水平，业务范围和盈利来源趋于多元化，能够更好地获取利益，扩大经营。但是绝对控股村镇银行影响了股权结构优化与治理结构的完善，弱化了股东相互制衡机制。村镇银行更易发展成为主发起行的一个附属机构，其他的民营企业股东得不到话语权，为了避免利益受到损害，纷纷降低了资本的投入，更少地参与村镇银行的日常管理，降低了民间资本投资村镇银行的积极性。对于相对控股村镇银行，主发起行尽管控股但话语权有限，各股东之间可以形成利益牵制，有助于民间资本积极参与村镇银行的管理，有效分散风险，具有较好的风险控制能力。但是由于相对控股村镇银行各股东之间容易出现利益纠葛，导致在经营过程中产生损失的可能性增大，而且缺乏果断决策问题的能力，不利于快速恢复正常经营。因此不管是采用哪种股权结构，村镇银行的经营绩效的高低受到各股东意志的影响，如表4.3所示。

---

① 《村镇银行管理暂行规定》第二十五条规定，村镇银行最大股东或唯一股东必须是银行业金融机构，即村镇银行的主发起行。最大银行业金融机构股东持股比例不得低于村镇银行股本总额的20%（之后在《关于鼓励和引导民间资本进入银行业的实施意见》中这一比例降为15%）。

表 4.3　　　　　　　　　　**绝对控股与相对控股的村镇银行效率均值**

阶段	年份	绝对控股村镇银行	相对控股村镇银行
第一阶段	2015	0.5722	0.4939
	2016	0.5627	0.5090
第二阶段	2015	0.1525	0.2284
	2016	0.2091	0.2797
综合	2015	0.3756	0.3683
	2016	0.3960	0.3959

第四，本章按照主发起行的性质分为农村金融机构和非农村金融机构，将农村合作银行、农村商业银行和农村信用社划分为农村金融机构，将国有银行、股份制银行、城市商业银行划分为非农村金融机构。从表 4.4 中可以看出主发起行是非农村金融机构的村镇银行盈利能力较强，风险控制能力很差。从综合交叉效率来看，主发起行是农村金融机构的村镇银行的经营绩效比非农村金融机构的好，同胡竹枝等（2015）研究结果一致。因此，主发起行的性质是否是农村金融机构对村镇银行的经营绩效具有显著影响。农村金融机构作为主发起行更具有地缘优势，具有更贴近农村的特点，利用"熟人信息"充分了解农村金融市场和客户特征，可以为经营经验、产品设计等提供帮助，并且更加了解当地的产业结构，很好地控制农村金融风险，风险控制能力表现出显著优势。而主发起行是非农村金融机构的村镇银行由于无法适应小农经济，存在严重的信息不对称问题，风险控制能力不足，导致综合交叉效率低下。为此，一方面村镇银行应学习农村金融机构的优势，强化银行内部制度及贷款结构，提高风险控制能力；另一方面政府应鼓励农村金融机构积极参与到村镇银行的建设中，充分发挥其优势。

表 4.4　　　　　　　　　　**按主发起行是否是农村金融机构划分的效率均值**

阶段	年份	农村金融机构	非农村金融机构
第一阶段	2015	0.4853	0.5764
	2016	0.4882	0.5825
第二阶段	2015	0.3051	0.0702
	2016	0.3664	0.1151
综合	2015	0.3923	0.3477
	2016	0.4151	0.3740

第五，注册资本是村镇银行持续发展的基础，也是增强竞争能力的关键因素①。本章按照注册资本是否高于1亿元将30家村镇银行效率值进行划分可得表4.5。分别从两个阶段来看，在第一阶段，注册资本大（注册资本大于等于1亿元）的村镇银行反而效率值低于注册资本小的村镇银行，在第二阶段，注册资本大的村镇银行的风控能力较强。2016年所有的效率值都要比2015年的效率值高，说明村镇银行的经营效率随着时间的推进优势逐渐显露。总体上来看村镇银行注册资本小的综合交叉效率值高。注册资本体现了村镇银行的资本规模大小，资本规模较小的村镇银行可以将有限的资金重点投放，更好地进行资金融通，帮助村镇银行实现盈利。但是风险控制能力稍差，这是由于存在一定的资金压力，只能提供几笔贷款，这样无法分散风险，或者提供多种贷款，虽能够实现风险分散，但又导致经营成本的增加。因此需要注意的是，一些村镇银行偏离服务"三农"的初始使命，盲目扩大资产规模，反而实现不了良好的盈利。

表4.5   **不同注册资本的村镇银行效率均值**

阶段	年份	注册资本≥1亿元	注册资本<1亿元
第一阶段	2015	0.4947	0.5941
	2016	0.5011	0.5946
第二阶段	2015	0.2129	0.1605
	2016	0.2630	0.2213
综合	2015	0.3576	0.3993
	2016	0.3823	0.4233

第六，机构网点是村镇银行的基本分销渠道，具有提供金融服务以及吸引维护客户作用的重要渠道②。根据样本银行2016年的网点数量，选取村镇银行5个网点数为分界点进行划分，结果如表4.6所示。首先，从总体上来看，网点数量较少的村镇银行综合交叉效率明显优于网点数量较多的村镇银行。其次，从两个子阶段来看，网点数量少的村镇银行的第一阶段效率值略逊于网点数量多的，反而在第二阶段表现出了显著优势，表明村镇银行的网

---

① 《关于调整放宽农村地区银行业金融机构准入政策 更好支持社会主义新农村建设的若干意见》中规定，在县（市）设立的村镇银行，其注册资本不低于人民币300万元；在乡（镇）设立的村镇银行，其注册资本不得低于人民币100万元。

② 本章机构网点数是具有营业窗口的总行、分行、支行、分理处、储蓄所、便利店等数量加总。

点数量越多，盈利能力越强，但是风险控制能力越差。机构网点数是影响村镇银行业务覆盖面积的重要因素。网点数量越多，意味着有越多的客户能够享受到村镇银行的服务，参与到金融服务中，特别是在农村地区，居民在当地找不到网点，也很难去较远地区的网点办理业务。机构网点数多有利于树立村镇银行的良好形象，提高村镇银行的认可度，改变地方偏见，提升自身的知名度和信誉度。但是网点数量过多会使得经营成本上升，可能出现网点覆盖范围重合进而产生内部竞争，反而难以管理风险。因此要适度扩大网点建设，合理扩建分支机构，吸收更多的社会资金，延伸村镇银行的服务深度和广度。

表 4.6   **不同机构网点数量的银行效率均值**

阶段	年份	网点数量≥5	网点数量<5
第一阶段	2015	0.5616	0.4836
	2016	0.5610	0.4946
第二阶段	2015	0.0629	0.3688
	2016	0.0945	0.4514
综合	2015	0.3399	0.4128
	2016	0.3541	0.4507

4.4　研 究 结 论 及 政 策 建 议

本章选取 2015 年和 2016 年我国 30 家村镇银行数据，采用两阶段 DEA 交叉效率模型实证研究了我国村镇银行的经营绩效，整体上从盈利能力和风险控制能力两个阶段的交叉效率值进行分析，以及比较了综合的交叉效率值。然后从东中西部、绝对控股与相对控股、主发起行的性质是否是农村金融机构、不同的注册资本以及机构网点数量的多少这五个角度进行分析，得出以下结论：

第一，我国整体村镇银行的综合交叉效率较为低下。当前村镇银行面对市场知名度低、金融生态环境差、业务同质性强、筹资难度大、抗风险能力低等问题，村镇银行的经营绩效不容乐观。第二，中西部地区村镇银行的经营绩效明显高于东部地区村镇银行，反映了村镇银行与其他商业银行要实行错位竞争，在中西部金融供给不足的地区，村镇银行的发展空间反而更大。

同时我国相关政策①也一直在鼓励按照"先西部、后东部"的科学发展模式，以解决"三农"和小微企业的融资问题，更好地实现普惠金融，惠及贫困地区。第三，绝对控股村镇银行与相对控股村镇银行的经营绩效差距不大，绝对控股村镇银行略有优势。不管是采用哪种股权结构，村镇银行的经营绩效高低受到各股东意志的影响。第四，主发起行性质是农村金融机构的村镇银行的经营绩效较高，具有良好的风险控制能力。非农村金融机构的村镇银行风险控制能力严重不足，导致综合交叉效率低下。第五，注册资本小的村镇银行的综合交叉效率值高。第六，合理确定村镇银行的网点数量，实现小而精。

对此本章提出以下建议：第一，引导民间资本投向村镇银行。应该适度放开对主发起人的限制，允许民间资本积极参与村镇银行的设立与经营，民间资本的参与不仅更易发挥熟悉当地环境和产业结构的地缘优势，提高村镇银行的经营绩效，而且能够增加当地金融业竞争力度，提高创新能力，更好地满足农村资金需求。

第二，充分发挥主发起行优势，鼓励农村金融机构参与。村镇银行要利用主发起行的平台建设村镇银行的良好形象，提高村镇银行的信用度和知名度，宣传设立意义及目的，使广大公众更加了解并认可村镇银行。此外村镇银行应学习主发起行丰富的信贷经验、成熟的互联网金融体系和先进软件使用进行日常服务管理，提高服务效率。

第三，合理选择设址区域以及设定网点数量。村镇银行的设址应选择在金融覆盖率低下、金融供给不足的地区，更好地发挥政策性作用，并能获得较好的经营绩效。同时适度增加机构网点数量，努力提升农村金融服务的可得性、覆盖率和满意度，推动普惠金融发展。

第四，加大政策扶持力度，确保政策实施到位。村镇银行由于自身发展规模小、风险承受能力弱、竞争实力明显落后，政府政策的执行力尚显不足。政府应强化税收优惠政策扶持力度，充分发挥财政杠杆作用，提升政策扶持的精准度，降低村镇银行的经营成本。最重要的是落实各项扶持政策，把村镇银行应该得到的扶持资金及时拨付到位。

第五，健全风险管理机制。建立同业风险基金，增强村镇银行风险承受能力。村镇银行在优化外部风险防控的同时加强内部风险的管制，实施审慎

---

① 《关于调整村镇银行组建核准有关事项的通知》规定按照"先西部、后东部，先欠发达县域、后发达县域"的次序，优先在农村金融供给不足的地区，规模化、批量化发起设立村镇银行。

经营，严格控制各项审批制度。

村镇银行的良好发展为众多的中小企业和贫困农民提供了金融服务，成为立足县域、支农支小的新生力量，健全开放包容、适度竞争、鼓励创新、风险可控的农村金融体系，更好地服务于农村供给侧结构性改革和新型城镇化建设。

4.5　案例调研：天津武清村镇银行改革绩效研究

天津市村镇银行从第一家村镇银行于 2008 年 8 月开业始，至 2016 年底，已经设立包括武清村镇银行在内的 13 家村镇银行，注册资本从 1 亿元到 4 亿元不等。各家村镇银行的发起行类型不同，包括地方性农商行、城商行、股份制银行、国有政策性银行。已经实现天津市全区域的覆盖，在服务"三农"、统筹促进城乡经济方面正发挥着日益重要的作用。

武清村镇银行成立于 2013 年 4 月，注册资本 3 亿元，是一家由莱商银行作为发起行，13 家企业法人作为民营资本参股的股份制金融机构。自成立以来，依托京津冀一体化的大环境，得力于有"京津之翼"美称的武清区得天独厚的地理条件，抢抓机遇，跨越发展。实现全区的网点覆盖，目前已经拥有 22 个营业网点，ATM 网点遍布全区。①

股东持股情况如表 4.7 所示。

表 4.7　　　　　　　　　　　股东名单

股东名称	出资金额（万元）	持股比例（%）
天津市慧翔实业集团有限公司	1500.00	5.00
天津吉亚牧业集团有限公司	800.00	2.67
天津腾达集团有限公司	1200.00	4.00
天津建德房地产开发有限公司	800.00	2.67
权健自然医学科技发展有限公司	1200.00	4.00
天津庆丰商贸有限公司	750.00	2.50
天津艺海园工艺品有限公司	750.00	2.50

---

① 相关资料由天津武清村镇银行股份有限公司官网（http：//www.wqbank.cn/intro/58.html）查询而得。

续表

股东名称	出资金额（万元）	持股比例（%）
天津英虞商贸有限公司	1200.00	4.00
天津市江林科技发展有限公司	1500.00	5.00
天津市光宇电力工程安装有限公司	1500.00	5.00
天津武清建筑建材集团有限公司	1500.00	5.00
天津冠芳可乐饮料有限公司	1500.00	5.00
天津市金轮信德车业有限公司	1500.00	5.00
自然人股东	2600.00	8.67
莱商银行	11700.00	25.57
合计	30000.00	100.00

资料来源：2015 年武清村镇银行股份有限公司年报。

2014 年 12 月 17 日，天津银监局批准了武清村镇银行股份有限公司的第一次增资扩股方案。该行向原股东、本行员工及天津市武清区符合条件的企业法人定向募集资金，用于增加注册资本金，其从原来的 1 亿元到 3 亿元。①

2016 年 12 月 15 日，天津银监局通过了武清村镇银行股份有限公司第二次增资扩股方案。该行将实行向特定的企业法人定向募集注册资本金 1 亿元，最终注册资本金达到 4 亿元的方案。② 目前，扩股后各股东出资持股情况尚未公布。

从 2015 年初到 2016 年初，武清村镇银行先后提交六家支行的开业申请，均获得银监会的批准。

4.5.1 武清村镇银行概况③

2016 年，该行营业收入和利润不断增长，累计实现营业收入 22373 万元，比上年同期增加 5118 万元，增幅 29%；营业支出达到 11108 万元，较上年同期增加 2325 万元，增幅 26.47%；实现净利润 9087 万元，较 2015 年净利润增加 1697 万元，增幅 22.90%。

该行公司治理体系比较完备，公众声誉佳、信用良好，运营业绩优良，

---

① 相关资料于《天津武清村镇银行有限公司 2014 年信息披露报告》中查询所得。
② 相关资料于《天津武清村镇银行股份有限公司 2016 年信息披露报告》中查询所得。
③ 相关资料来自《2016 年天津武清村镇银行股份有限公司年报》。

财务指标优秀。截至 2016 年底，该行资产总额达到 743329 万元，所有者权益达到 534624 万元，固定资产达到 2332 万元。

其中主营业务收入包括以下几项。

存款业务。该行充分利用价格杠杆，存款利率设定较高。储蓄业务中，整存整取利率上浮基准利率的 45%，零存整取利率上浮 30%。

推出"月月盈"定期存单储蓄产品，起存金额为两万元，期限为两年或者五年，可根据客户需求按照月、季、半年、年结息。

借记卡业务。在办理普通借记卡业务的同时，推出了特色借记卡——京津之翼卡，该卡具有如下特点：全球 ATM 取款免费，免除年费、管理费，短信银行免费，电子转账全免费。同时围绕办理该卡的客户群，衍生开发了"智慧通"和"天益宝"产品。前者需要客户签订"智慧通"协议，活期存款余额达 5 万元（含）以上，系统自动将 0.01 元的整数倍存款转入"智慧通"账户单独计息。"智慧通"账户的存款期限为 7 天以下，按开户日的 1 天通知存款利率计息；存款期限为 7 天（含）以上，按照开户日的 7 天通知存款利率计息，并将以 7 天为一周期结计本息，进入下一次循环。"天益宝"产品则兼顾了活期存款的便利和定期存款的较高利率，客户只需要开办京津之翼卡，签订协议，并保持账户余额在一千元以上。系统会自动圈存 1000 元的整数倍转入"天益宝"账户靠定期档计息，不足 1000 元按照活期存款利息计息。客户消费或取现时，活期余额先被扣减。若活期账户余额不足，自动从"天益宝"账户转出所需金额，按相应利率结计利息。

小微贷款业务。武清村镇银行设计开发了包括尊容贷、创业贷、个人经营贷、农户贷等在内的个人贷款业务。尊容贷的服务对象是区内的千人计划专家、教师、医疗卫生工作者、公务员、行政事业编制人员，针对客户的收入、资信状况授信，提供 20 万元到 200 万元的信用限额；创业贷面向个体工商户、小微企业、自主创业人员、下岗再就业人员，贷款者需要向区内人力资源和社会保障局提出贷款申请，经过人社局的资料、贷款审查，通过区内城乡建设信用担保中心的担保审批，最后与武清村镇银行签署贷款合同；个人经营贷款业务的服务对象是从事合法生产经营的非法人资格的私营业主和个体工商户，该业务是限定资金用于生产经营的流动资金需求的，按约定的利率和期限还本付息的贷款业务；农户贷是一项复合贷款业务，符合条件的农户借款人可使用贷款用于消费、种植业生产，贷款审核会具体考虑农户家庭分散经营的特点，贷款合同中关于贷款条件、资金用途、期限、利率的约定，可根据实际情况灵活制定，最大程度地满足农户资金需求。

其发起行——莱商银行的介绍如下。

武清村镇银行的发起行是莱商银行，原莱芜市城市信用社，2005 年获准挂牌为莱芜市商业银行。该行大胆创新中小企业、民营企业的特色公司业务。与征信情况良好、经营前景看好的小企业签订合作协议，提供较低的利率和更快捷的贷款审批流程服务，迅速锁定了大批优质客户。这些服务获得了市场认可，市场份额显著提升。2008 年，莱芜市商业银行完成区域扩张设立菏泽分行，并更名为莱商银行。于同年年底，通过董事会决议，与浦发银行达成战略合作关系，签订的协议规定两家银行分享公司治理、风控技术、产品设计研发等多渠道的经验。在 2012 年"钱荒"时，双方签订总额为 300 亿元的《流动性互助协议》，共同应对流动性危机。目前，莱商银行下辖 10 家分行，自成立以来，经营业绩良好，公众认可度不断提高，获得包括中国《银行家》评选的"最具区域竞争力城商行""最佳公司治理中小银行"等称号。莱商银行在鲁、豫、晋等地发起包括武清村镇银行在内的五家村镇银行，具备丰富的发起行经验，承担了提高村镇银行专业性、管控风险的重要职责。

4.5.2 武清村镇银行绩效的描述性统计分析

本节参考了天津市银监局对于农村金融机构监管指标的相关规定，将指标分为两大类：经营业绩指标和资产质量指标。其中经营业绩指标包括资产利润率、资本利润率、利息回收率、成本收入比和人均利润；资产质量指标包括不良资产率、不良贷款率、单一客户贷款集中度、不良非信贷资产比率。

在分析时，将公司重大事项如增资扩股、新设立营业网点等会对业绩产生的重大影响的作为考虑的重要因素。

4.5.2.1 对经营业绩指标的时间轴进行对比分析

第一，按照资产利润率和资本利润率的时间轴对比一，如图 4.2 所示。

从图 4.2 中的数据可以清晰地看出，武清村镇银行资本利润率在开业的 2013 年指标较低，小于监管标准值。之后显著增长，超过监管的标准值。在 2015 ~ 2016 年度有下滑趋势，但仍领先标准值 10 个百分点。与资本收益率相似的是，武清村镇银行的资产收益率也呈现先扬后抑的趋势，在 2016 年度出现了小幅度的下滑。

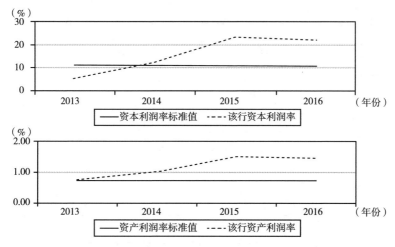

图 4.2　武清村镇银行监管指标对比一

资料来源：武清村镇银行年度财报、监管数据来自天津市银监局。

上述指标出现转折的原因有两个：一是经济环境衰退导致银行业利润下降。村镇银行受制于自身实力，开展的多为小微企业业务。而小微企业在全球的经济大环境中受冲击尤甚，为生存而缩减生产规模，减少贷款等外部融资。这导致了该行的两项利润率水平双双下滑。二是该行在 2014 年底进行了一次增资扩股，注册资本金从最初的 1 亿元大幅上升，达到了 3 亿元。在已有利润增长的基础上，资产增大，因此这可能是资产收益率下滑的直接因素。

第二，按照收入成本比和人均利润的时间轴对比二，如图 4.3 所示。

通过图 4.3，我们容易发现武清村镇银行成本较高，成本占收入的比例呈现先降后升的趋势，与标准值非常接近。人均利润指标在四年间不断上升，在 2015 年到达 42 万元／人的峰值。同时，也在 2016 年出现了小幅的下降。

通过查询银监会关于武清村镇银行的网点开业批复信息发现，该行从 2015 年 2 月到 2016 年 1 月集中设立了机场道支行、王庆坨支行等六家支行。新增的物理网点无疑会增大业务量，在员工增加有限时提高人均利润，但成本的压力同样存在，正如图 4.3 所示。

最后一个监管指标为利息回收率，监管标准值为 95%。成立四年来，武清村镇银行的利息回收率一直保持在 100%，[①] 这表明该行的利息回收能力较强，贷前调查充分，贷后管理高效。

---

① 相关资料于天津市银监局查询可得。

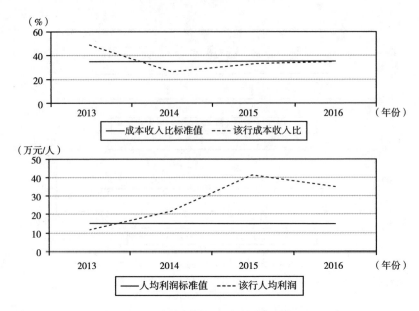

图 4.3　武清村镇银行监管指标对比二

资料来源：武清村镇银行年度财报、监管数据来自天津市银监局。

4.5.2.2　对资产质量的时间轴进行对比分析

从图 4.4 可知，武清村镇银行的四项资产质量指标均为 0，低于标准值。风险控制成果显著。

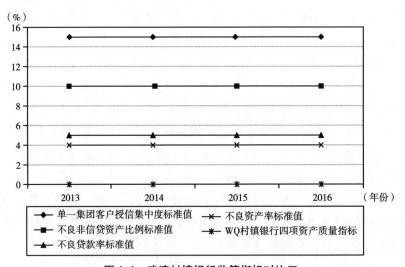

图 4.4　武清村镇银行监管指标对比三

资料来源：武清村镇银行年度财报、监管数据来自天津市银监局。

　　如图 4.5 所示，武清村镇银行的贷款集中度偏高，图线呈现先降后升的趋势，自成立的 2013 年最高点 9.51% 开始下降，在 2015 年到达最低点 7.01%，随后爬升到 2016 年的 8.82%，距离标准值 10% 仅差 1% 左右，贷款集中度风险无疑在扩大。联系前面内容，我们发现单一客户贷款集中度的上扬同时伴随着经营业绩指标的下滑。笔者推断，经济形势的不景气造成了该行收紧贷款业务，贷款集中到风险可控的少数客户手中，从而导致了成本收入比的上涨和人均利润的下降。

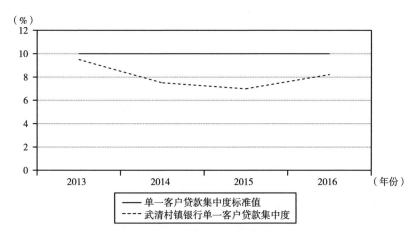

图 4.5　武清村镇银行监管指标对比四

资料来源：武清村镇银行年度财报、监管数据来自天津市银监局。

　　在这里可以看到，武清村镇银行的多项指标都在 2016 年度出现了下滑或者风险的加大。监管中的经营业绩指标和资产质量指标在图线的变化趋势上，体现了变化的一致性。

　　接下来再对武清村镇银行的各类贷款业务进行调查，如图 4.6 所示，该行涉农业务开展较少，在各类贷款中占比只有 5%，而其中的一部分又是有当地财政担保、付息的政策性扶持贷款，主动针对农业的贷款更少。这方面与深耕本地农业生产服务的农商行等金融机构相比差距明显。而该行目前较高的经营指标很大程度上是依靠区内贷款占比 58% 的制造业拉动实现的。

　　通过上述分析可以看出，该行自成立以来成长迅速，经营业绩优良。武清村镇银行充分利用了当地产业优势，特别是针对制造业的企业贷款，成为该行业务收入的主要来源。但是在涉农业务上投入有限，与服务"三农"的政策定位有所偏离。

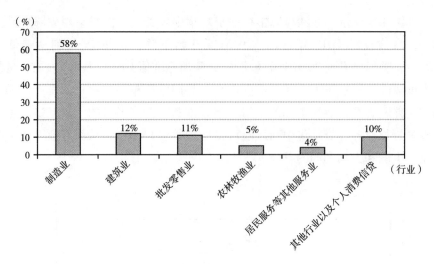

图 4.6　武清村镇银行 2016 年第一季度各类贷款占比情况

资料来源：《2016 年天津市新型金融机构季度经营分析报告——武清村镇》。

在针对城乡居民的小微信贷业务上，以武清村镇银行创新开发的"尊容贷"业务为例，该业务针对的是行政事业编、公务员、教师、医生等收入稳定者，直接将服务人群缩小，一方面锁定了收入和资信相对优秀的客户群，另一方面排斥了更多有信贷需求但无法满足贷款条件的城乡居民，而这是与服务城乡居民的政策定位相悖的。

另外，作为只持有有限银行牌照的农村金融机构，属地经济的产业发展集中，某一产业的市场风险会演变为地方性的系统风险。企业之间关系紧密，生产中的上下游关系、融资活动中的互相担保关系是常态，连带的关系会进一步放大金融机构的信用风险。经营属地有限的村镇银行在提供融资服务时，要提防衍生风险，见微知著，及时调整业务模式和发展方向，在做强和做精之间找到平衡点，形成长远、可持续的发展模式。

4.5.3　武清村镇银行所辖区居民问卷调查

为了解当地人群对武清村镇银行的认知程度，我们于 2017 年 3 月选用互联网问卷方式，对武清村镇银行所辖区居民做了问卷调查（本节后附具体问卷结果），发现了如下问题。

从图 4.7 可知，50% 以上的受访者对于武清村镇银行等农村金融机构缺乏基本的认识，大约 25% 的受访人群直接表示不认同该类银行信誉，担心有资金损失的风险。只有 6% 的受访者了解该行的特色服务。

1. 您是否听过村镇银行等农村金融机构？［单选题］

选项	小计	比例
没听过	10	19.61%
听过或见过，但没去过办理业务	28	54.9%
有过业务交集，但了解不多	10	19.61%
跨行异地转账手续费全免，我对这银行门清	3	5.88%
本题有效填写人次	51	

2. 您对当地村镇银行等金融机构的看法是？［单选题］

选项	小计	比例
不清楚、不了解	21	41.18%
知名度低，信誉状况不明，担心资金损失风险	12	23.53%
有地方优势，账户存点钱，有时挺方便的	15	29.41%
服务周到，贴近本地人习惯，以后就是它了	3	5.88%
本题有效填写人次	51	

图 4.7　武清村镇银行网上问卷调查结果截图 1

70% 的受访者关注线上、线下业务办理的便捷性。约 75% 的受访者看重 ATM 等自主服务设备的使用，接近 60% 的受访者会使用网上银行等线上交易手段。如图 4.8 所示。而武清村镇银行缺乏相应的服务设施和手段。

3. 您觉得当前村镇银行的哪些业务亟须改进？［多选题］

选项	小计	比例
营业厅，网点少，用着不方便	37	72.55%
官网打开卡顿，网上银行不好使，没有手机银行	15	29.41%
业务类型单一，没吸引力	16	31.37%
本题有效填写人次	51	

4. 您主要使用哪种银行业务？［多选题］

选项	小计	比例
正式营业厅	26	50.98%
ATM，自助柜员机等自助服务设备	38	74.51%
网上银行	29	56.86%
信用卡	16	31.37%
本题有效填写人次	51	

图 4.8　武清村镇银行网上问卷调查结果截图 2

目前，武清村镇银行已经在四年的营业时间内完成了区内全乡镇的网点或自助设备布局，大大提升了行内客户的服务体验。但是调查发现，这些网点数量依然不足，不少乡镇、热门商圈、居民区周边的 ATM 只有一个，这无疑暴露了中小银行物理网点缺少这一大硬伤。特别是，农村金融市场中的目标受众普遍文化水平较低、认知能力较弱。特别是一些中老年客户，不认同新生的金融机构。此外，营业点的一个"老大难"问题是：服务质量差，网点环境差，等号的时间长。正如图 4.9 所显示的调查结果，超过 50% 的受访者看重银行服务质量。

5. 您最看重哪种银行服务？［多选题］

选项	小计	比例
基本的存取款就够了	11	21.57%
服务质量高，服务态度好，让我有做"上帝"的"感脚"	30	58.82%
丰富的金融产品选择，要有一款适合的	22	43.14%
代缴各种水电费，全包了	23	45.1%
本题有效填写人次	51	

图 4.9　武清村镇银行网上问卷调查结果截图 3

对于一家银行，网上银行不仅成为展现给外界的一扇窗户，更成为一个虚拟的大柜台。不仅为银行节约大量的人力物力成本，提高收益水平；更提升了服务的便捷性，客户不用到物理柜台就可完成交易。通过这些移动的服务终端，银行的服务将摆脱时间和空间的约束，通过社交群等方式完成由传统柜台面对面交易到线上咨询、交易、反馈的快速模式。为柜台的业务支持人员降低大量的人力劳动，提升经营的效率。这不仅方便了客户办理业务，也扩大了银行的影响力，提高本行的公众认知度。

当我们尝试着打开包括武清村镇银行在内的大部分村镇银行官网时，发现大量网站响应时间长，有顿卡现象。这会使用户因失去耐心而对银行产生不良印象，甚至会造成客户的流失。这是由网站主机性能较弱和网站代码烦琐所致。但是自主研发的技术投入、设备投入较大，如何在可承受范围内发展网站建设是个难题。

而且，网站内大多缺少业务信息和收费标准的公示。虽然有常见收费业务的说明和办理流程介绍，但缺乏资费标准的查询，例如一些常见的业务如同城汇款、异地跨行汇款、银行卡挂失等，这些服务信息的空白尚未填满。

网站上的金融产品营销手段生硬，产品介绍简单粗糙，内容布局不够人性化，缺乏生动性和趣味性，难以吸引客户的注意。

此外，村镇银行普遍缺乏手机银行等移动客户端平台。对于银行来说，手机银行摆脱了传统物理网点服务范围的约束，节约了人力成本，提高了业务开展的效率。特别是 2016 年 9 月 30 日，中国人民银行正式发布了《关于加强支付结算管理 防范电信网络新型违法犯罪有关事项的通知》，该文件明确指出：客户办理同一家银行的异地存取现、转账等业务，该家银行应在 2016 年 12 月 30 日之前实现免收手续费。至此，更多的人倾向于使用方便的手机银行，手机银行这一便捷的"ATM"的重要性进一步凸显。但是，自主研发手机银行的投入，对于小微金融机构而言仍难以承受。

4.5.4　武清村镇银行调研结论

武清村镇银行坐落于天津市西北部、北京市东南方向的京津冀三地交汇处——武清区。随着京津冀一体化战略的实施，三地经济协作程度不断深化，武清区的地理位置优势不断凸显。

位于区内中心位置的武清开发区作为最早的国家级高新技术产业开发区，奠基于 20 世纪 90 年代，配套的基础设施完备，政策扶持力度大，现已形成了以电子信息、新型材料、生物医药、机械制造、汽车及零部件为主导产业的特色工业园，吸引了多家世界 500 强企业入驻。此外，武清区有四个省级示范工业园，包括京滨工业园、京津科技谷、汽车产业园、武清地毯园。这些工业园为附近乡镇的农民提供了大量的就业岗位，提高了他们的收入。武清区得天独厚的地理位置和良好的经济基础，无疑为武清村镇银行的发展壮大提供了机遇。该行正是充分利用了地区性的特色经济优势，通过大力开展公司业务，迅速发展壮大。

但是通过对武清村镇银行财务报表的分析可知，该行还存在业务相对单一，存贷利差收入是主要收入来源，票据业务、同业拆借等业务尚未开展，单一客户贷款集中度偏高等问题。一方面，村镇银行亟须创新业务产品、贷款流程，组建灵活有效的机制。在严格把控信贷调查，控制信用风险的同时，对于存在暂时流动资金困难，但是营运正常、征信良好的借款人，适当地放开抵押贷款的限制，努力做到不拒绝贷款、不抽取贷款、不拖延贷款，及时助力中小企业渡过难关。另一方面，应该消除对于小微企业业务成本高、风险不可控的偏见，从最基本的开立公司户服务做起，到票据存兑、存贷、结算等业务，不断拓展服务种类。此外，还可以到服务企业营销其员工的个人业务，如最常见的代发工资、承接员工消费信贷业务，通过这种更紧密、更深入的合作关系，获得更深度链条的效益。

通过对武清村镇银行所辖区居民的问卷调研可以发现，武清村镇银行还存在以下问题。

第一，公众认可度偏低且业务便捷性差。

从调查问卷结果可以明显地看出，村镇银行的公众认可度低，大部分人还处于一个模糊了解的阶段。同时网点少，自助服务设备少，业务办理不方便。公众声誉有待加强，大众的信任感弱，拓展代售理财等中间业务有一定困难。此外，调查中有较大比例的调查受众，在短期资金借贷需求中倾向于消费贷款，他们倾向于选择大型购物平台的信用贷款。对于立足于村镇街道、更了解当地风俗习惯的村镇银行，如能针对实际情况，发掘当地居民的小额、短期需求，提供方便、快捷的消费信贷业务，一定能有所收获。当然这需要决策者在统筹兼顾的基础上，在合理范围内灵活变通，适当调整业务方向。

第二，风险控制难度大且涉农业务开展有限。

从前面的介绍可知，武清村镇银行的涉农业务多依托于政府有关部门的政策扶持，涉农贷款占比不足5%。针对农户的贷款，由人社局组织农户接受培训，培训合格方能发放贷款，并由人社局支付利息，城乡信用担保中心提供担保。但是政府支持"三农"的具体政策或方式可能发生改变，政策的红利使得这项业务不具备可持续性。其他类型的农户贷款，条件比较苛刻，需要房产等抵押物，缺乏创新，业务开展范围十分有限。

诚然，这些缺陷也是由村镇银行的先天属性决定的。中国银保监会在2014年的46号文件中强调：村镇银行有限持牌经营需强化。经营区域、业务范围都被限制，区域性的风险会进一步放大，贷款集中度等风险显然更难以控制。与此同时，村镇银行引入了大量民间资本，股东普遍缺乏银行业管理经验显然也是村镇银行专业化发展的先天缺陷。为解决这一问题，监管当局的督促和指导、地方政府的大力支持显然必不可少。

作为村镇银行，仍需在涉农业务上主动拓展新型模式，一方面担负起"服务三农"的历史使命，另一方面丰富业务范围，下沉业务终端，将当地的地缘做深、做透，才能真正成为一家小而精的银行。此外，村镇银行的业务集中度普遍偏高，针对此现状，要高度重视此指标揭示的风险，积极拓展服务受众，如小微商户和农户，分散风险，切实提高对风险的掌控能力。

第三，信息技术应用亟待提高。

通过调研发现，武清村镇银行互联网平台构建中尚无手机银行业务。有微信公众号，但是功能有限，只有常见的业务介绍和推广，缺乏与客户的互动，内容趣味性差，界面偏于直白，不够精致。银行网站等互联网平台是银行展现形象和实现客户服务的窗口，是线上营销的渠道，更是线上的交易平台。在目前金融业市场交易虚拟化和规模化、产品服务日趋多元化和个性化的大趋势下，村镇银行应将眼光放在如何提高自身的信息化服务水平，打造线上服务的新模式上，以期为客户提供更加便捷的服务渠道。

建议村镇银行自主或者依托发起行，筹备手机银行的开发工作；利用经营成本低廉的网络社交平台，通过开通微博、微信公众号，向公众分享区域经济发展动态，传播理财知识，增强和新生代客户群体的互动，营销特色产品，提升自身的知名度和竞争力，扩大线上影响力。

附：2017 年 3 月关于村镇银行认知度问卷调查结果

1. 您是否听过村镇银行等农村金融机构？［单选题］

选项	小计	比例
没听过	10	19.61%
听过或见过，但没去过办理业务	28	54.9%
有过业务交集，但了解不多	10	19.61%
跨行异地转账手续费全免，我对这银行门清	3	5.88%
本题有效填写人次	51	

2. 您对当地村镇银行等金融机构的看法是？［单选题］

选项	小计	比例
不清楚、不了解	21	41.18%
知名度低，信誉状况不明，担心资金损失风险	12	23.53%
有地方优势，账户存点钱，有时挺方便的	15	29.41%
服务周到，贴近本地人习惯，以后就是它了	3	5.88%
本题有效填写人次	51	

3. 您觉得当前村镇银行的哪些业务亟须改进？[多选题]

选项	小计	比例
营业厅，网点少，用着不方便	37	72.55%
官网打开卡顿，网上银行不好使，没有手机银行	15	29.41%
业务类型单一，没吸引力	16	31.37%
本题有效填写人次	51	

4. 您主要使用哪种银行业务？[多选题]

选项	小计	比例
正式营业厅	26	50.98%
ATM，自助柜员机等自助服务设备	38	74.51%
网上银行	29	56.86%
信用卡	16	31.37%
本题有效填写人次	51	

5. 您最看重哪种银行服务？[多选题]

选项	小计	比例
基本的存取款就够了	11	21.57%
服务质量高，服务态度好，让我有做"上帝"的"感脚"	30	58.82%
丰富的金融产品选择，要有一款适合的	22	43.14%
代缴各种水电费，全包了	23	45.1%
本题有效填写人次	51	

6. 您对于银行理财业务的看法是？[多选题]

选项	小计	比例
方便快捷，就趴在余额宝吧	27	52.94%
国有大行代售理财信誉高，亏点利息也靠谱	22	43.14%
哪家银行理财利率高，就存哪家	20	39.22%
我是高净值客户（个人资产净值600W以上），哪家私人银行做得好就去哪家	5	9.8%
本题有效填写人次	51	

7. 您的短期资金借贷需求怎么解决？［多选题］

选项	小计	比例
朋友多，随便拆借点就够花	31	60.78%
淘宝，京东的白条、免息，就够了	24	47.06%
我是"卡王"，各种透支玩的溜	11	21.57%
渠道窄，找小贷公司，利息高点也认了	5	9.8%
本题有效填写人次	51	

4.6　案例调研：天津津南村镇银行改革绩效研究

截至 2016 年 6 月，我国共有 1412 家村镇银行，1371 家处于正常营业状态，41 家处于正在筹建状态。网点遍布于一千多个县区，分布于全国 30 多个省份，覆盖了 67.2% 的县，实现县域全覆盖的有湖北、海南等 10 省份。在村镇银行的地区分布中，东部拥有 481 家，占比 36.22%，中部拥有 482 家，占比 36.30%，西部建立了 365 家，占比 27.48%。其中，贫困县区域内的村镇银行数量有 100 多家，超过总数的 1/7。在资产规模方面，截至 2015 年末，村镇银行总资产额首次突破了一万亿元大关，其中有 307 家村镇银行的规模超过 10 亿元，104 家村镇银行突破了 20 亿元，占比 33.88%。但需要注意的是，就算资产总量跨过了万亿元门槛，但相对于整个银行系统来说仍是微不足道的，甚至连 1% 都没有。在收益水平方面，有关数据显示村镇银行前几年的利润面达到 90%，其他利润率指标也有大幅的上升，但是在 2015 年，收益出现了连续下落的情况。截至 2016 年 4 月，我国范围内村镇银行的资产利润率比商业银行低了 0.08 个百分点，资本利润率也远远低了 7 个百分点。2015 年，村镇银行中亏损银行的数量所占比重为 20%，有将近 300 家只经营没有收益。并且在这些亏损的银行中，有 12.5% 的银行亏损千万元以上，新开业三年间持续亏损的村镇银行超过 100 家，亏损金额合计超过了 8 亿元[①]。怎样在没有国家补贴的情况下开辟出一条新的道路，成为村镇银行研究的重点。

天津津南村镇银行作为天津市津南区内唯一的一家本土村镇银行，其经

---

① 中国农村财经研究会. 中国村镇银行发展报告（2016）［M］. 北京：中国社会科学出版社，2016；1 – 20.

营发展都离不开天津市的金融大环境。在介绍津南村镇银行的发展概况前，本章首先对天津新型农村金融机构的发展现状进行概括与分析，并在此基础上对津南村镇银行的股权结构、经营绩效、业务拓展等方面进行详细介绍。

天津的新型金融机构发展迅猛，截至 2016 年初，已经有了 13 家村镇银行和众多小额贷款的公司与农村资金互助社，天津的各个行政区县都有这些机构的营业网点，拥有数千人的从业人员规模，从事农业金融的网点数量也在慢慢增加，有效解决了农村资金缺乏的问题；从业人员数目的增加也表明一大批的有志青年将会积极投身于新型农村金融机构的发展建设中去，为农业供给侧改革提供动力；逐年上升的资产总额也保证了金融机构有足够的资金来开展业务，如图 4.10、图 4.11 所示。

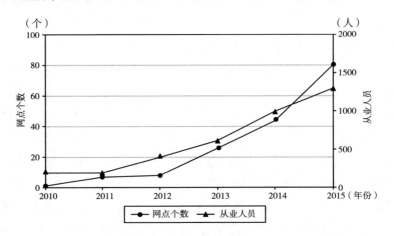

图 4.10 天津市新型农村金融机构网点个数与从业人员人数

资料来源：中国人民银行天津分行. 2015 天津市金融运行报告［R］. 中国发展门户网，2016：1 - 2.

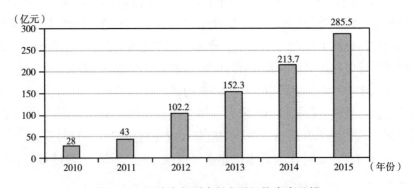

图 4.11 天津市新型农村金融机构资产总额

资料来源：中国人民银行天津分行. 2015 天津市金融运行报告［R］. 中国发展门户网，2016：1 - 2.

4.6.1　津南村镇银行概况

津南村镇银行是由包商银行在 2010 年 12 月 9 号注册建立的，包商银行作为发起行出资五千万元，成为控股股东。其余投资人包括北信投资、天津津南建设等四家企业和一位自然人。经过长时间的发展变迁，截至 2015 年底，津南村镇银行的前十大股东情况如表 4.8 所示。

表 4.8　　　　　　　　　**津南村镇银行前十大股东持股情况**

序号	股东名称	持股比例（%）	股权有无变动
1	包商银行股份有限公司	39.33	无
2	天津市南洋建筑工程公司	5.00	无
3	天津荣程联合钢铁集团有限公司	5.00	无
4	天津市大站阀门总厂	5.00	无
5	天津滨海天成石油钻采器材有限公司	5.00	无
6	天津市大白鲨酒店有限公司	4.67	无
7	天津市金河畔商砼有限责任公司	4.67	无
8	天津市金铭佳装饰工程有限公司	4.67	无
9	天津市津南区南华建筑安装公司	4.33	无
10	天津名门门业有限公司	4.33	无

资料来源：2015 年天津津南村镇银行股份有限公司年报。

通过表 4.8，可得出一些结论。作为天津津南村镇银行的发起行，包商银行的占股比例牢牢占据首位，超过 1/3，这使村镇银行能够更加稳定的发展。而其他私人企业的持股比例相差很小，且这些企业广泛涉及多个行业，为村镇银行在天津市的发展提供了更宽广的发展平台和更多的契机。

津南村镇银行的组织架构如图 4.12 所示。

通过图 4.12，可以清晰地看出津南村镇银行拥有全面清晰的组织架构，机构的配置也十分合理。其中最为突出的两大优势：一是由战略委员会、提名与薪酬委员会等建立，在处理业务时，将各类任务分门别类，有效节约时间。二是资产负债管理委员会和不良资产处置委员会的设置，将经营过程中的两大重点模块内容进行专人专管。这些机构的安排设置也充分体现出津南村镇银行的认真与细致。

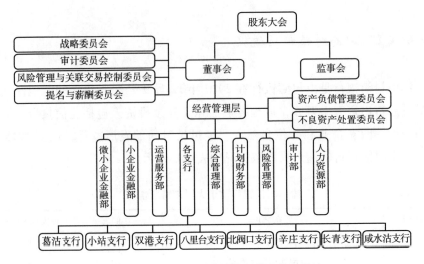

图 4.12 天津津南村镇银行的组织架构

资料来源：天津津南村镇银行官网，http://tianjJN.bsczb.com.cn/。

在实际工作中，总行下设的八个支行平行经营，并将其经营的结果及时反馈到上一层的总行运营部门。而各个部门之间也是各有优势，取长补短。既能相互合作，也能独立运营。从整体来看，机构设计扁平化，专业性较高，有利于进行管理以及信息的传达和反馈。

4.6.2 津南村镇银行绩效的描述性统计分析

经过调查发现津南村镇银行在津南区多个区域均设有营业点，目前全行员工总计有165人，分布于八家分支机构和九个营业网点。近年来许多包商系的村镇银行逐渐兴起，其中津南村镇银行表现尤为突出，一方面资产规模较大，另一方面存款和贷款数额也名列前茅。天津市一共设有13家村镇银行，津南村镇银行是天津市仅有的一家二级新型农村金融机构，并且在监管评级中也表现尤为出色。

截至2015年底，全行的资产总额已经超过35亿元，存款和贷款余额都迅速上升，自成立以来总计发放贷款57.32亿元。净利润高达5812.96万元，人均创利35.66万元，缴纳各种税金2379万元；资本充足率17.21%。津南村镇银行自成立起一直坚持在保证安全性的前提下追求盈利，营业期间没有发生意外风险，经营稳定。我们收集了该行2014~2015年的相关数据进行了简单的分析与比较，如表4.9所示。

表 4. 9　　　　　　　　　　　　主要财务指标

项目	2014 年	2015 年	增长率（%）
资产总额（元）	3146456293. 65	3577790987. 12	13. 71
负债总额（元）	2808959724. 64	3195053823. 61	13. 74
存款余额（元）	2601218485. 25	3037386133. 93	16. 54
贷款余额（元）	1502012078. 22	1773485609. 89	18. 16
净利润（元）	35954765. 19	58129559. 52	61. 67
所有者权益（元）	337496569. 01	382737163. 51	11. 82

资料来源：2014 年、2015 年天津津南村镇银行股份有限公司年报。

从表 4. 9 中可以得知，津南村镇银行近几年的发展态势很稳定，从相关财务指标得知，其资产规模已经高达 30 亿元，存款余额和负债余额也逐年上升。具体表现如下：资产利润率在 2014 年为 1. 14%，而人民银行统计的全国资产利润率平均水平为 2. 56%，津南村镇银行明显低于平均水平，但一年以后其资产利润率提高为 1. 62%，较之前有了显著提升；同时，在 2014 年资本利润率仅有 10. 65%，一年后增加到了 15. 19%，这些数据均表明 2014 ~ 2015 年津南村镇银行的发展水平在逐步提高，实现了从各项指标低于平均水平到稳居前列的巨大飞跃。

表 4. 10 分别对津南村镇银行近年来五个方面的财务指标进行了统计。第一，流动性比率。人民银行规定的流动性比率为 25%，以上数据表明津南村镇银行在 2013 ~ 2015 年的流动性比率都高达 40% 以上，远远超出了 25% 的最低限定。第二，不良贷款率。津南村镇银行近年来不良贷款率均不足 1%，主要是由于个别农户和养殖户的违约。第三，拨备覆盖率。拨备覆盖率在 2013 ~ 2015 年都与监管原则完全吻合。第四，与盈利有关的两个指标，即总资产收益率和成本收入比。总资产收益率稳中渐进，成本收入比均小于 50%，完全符合监管指标的要求。

表 4. 10　　　　　　　　　　　　补充财务指标　　　　　　　　　　单位:%

项目	2013 年	2014 年	2015 年
流动性比率	45. 22	40. 58	41. 91
不良贷款率	0. 15	0. 34	0. 84
拨备覆盖率	288. 83	280. 56	304. 44
总资产收益率	0. 63	1. 42	1. 73
成本收入比	48. 19	45. 31	41. 86

从津南村镇银行表内业务的发展情况进行分析，到 2015 年底，在资产方面，津南村镇银行的个人存款和同业存放款项总额高达 30 多亿元，向客户提供贷款及垫款额比去年减少 1 亿元，累计达 18 亿元，利息收入高达近两亿元，利息净收入占据了银行营业收入中高达 90% 的份额；在负债方面，总计向央行借款 8000 万元，支付利息 520 万元。整体发展状态稳定，前景可观。[①]

从津南村镇银行表外业务的发展情况进行分析，津南村镇银行选取了四家支行作为"中国式社区银行"的改革试点机构，目前已有两家支行与社区结成合作共建单位；研发了多款创新性金融产品来满足各种类型客户的不同实际需求，借记卡已发出 4000 多张，余额高达 4000 多万元。面向普通个人用户开发了"金聚鑫""账户盈"，面向有创业计划的大学生设计了"大学生创业消费贷款"等产品。津南村镇银行目前已经与 20 多家 POS 终端客户建立了合作关系，线下设立了九台 ATM 机和九台"全民付"便民终端，线上网上银行和短信平台也已经正式开始运行。[②]

除此之外，津南村镇银行满足社区需求，开发了"商票通"等特色产品。小微企业主在经营过程中往往会面临暂时现金流短缺的问题，但由于信贷需求没有形成一个相互关联的整体，必须要有必要的担保物作抵押才能向银行申请抵押贷款，小微企业刚刚起步，规模较小，缺乏相应的担保物，因此要想缓解巨额资金压力就只能通过高利息的民间借贷或者高利贷来筹集资金，高额的利息额又将企业置于巨大的压力之下，继而容易形成恶性循环。商票通的出现为小微企业筹集资金提供了便利的渠道，使其通过产业链下游企业开具票证，再凭借相关票证来向村镇银行提出质押贷款，进而降低了中小企业的还款压力，解决了资金短缺的一大难题。根据相关数据统计可知，截至 2016 年，已经有 60 多家企业通过商票通从该行取得了贷款资金，总金额高达 1.7 亿元。[③] 除了商票通，天津津南村镇银行还推出了"订单贷"这一新型金融产品，它不仅为津南区众多的本地企业提供了筹资便利，而且吸引了来自全国各地的众多投资。以内蒙古的一个大型农业公司项目为例，该公司生产的葵花油名扬中外。津南村镇银行积极与相关人员进行沟通，对这个项目有了深刻了解，进而将该公司引入津南，促使该公司与天津的政府职能部门进行了对接，顺利落户天津，成功建立了合作关系，并在日后的合作

---

①② 相关资料于《天津津南村镇银行股份有限公司 2015 年信息披露报告》查询得知。

③ 相关资料于天津津南村镇银行官网（http://tianjJN.bsczd.com.cn/）查询可得。

中逐渐将订单贷这一产品与日常经营活动相关联，形成了全流程的封闭式信贷和监管体系，不仅解决了这个大型农业公司的资金困难，而且使津南村镇银行拥有了一个名扬中外的优秀客户。

截至 2016 年底，天津津南村镇银行为了迎合农村、小微企业、乡镇龙头企业等不同客户的多种需求已经推出了 30 多款创新型金融产品，累计发放贷款 4000 多笔，平均每笔贷款金额超过 100 万元，使县域金融供给总额得到了巨大提升。① 在以后的发展中，津南村镇银行也将继续推陈出新，研究新型金融产品，创新服务模式，不断为政府和企业的发展提供资金支持。

4.6.3　津南村镇银行改革绩效的 SWOT 分析法

SWOT 分析法是对主体的优势、劣势进行精确客观分析的典型方法。主要是通过分析研究对象的内外部各个因素和各方面特征，较为客观地剖析和评价研究对象的真实情况，做出客观综合的评价。SWOT 这四个字母的含义分别是优势（S）、劣势（W）、机遇（O）和挑战（T）。其中，内部因素是S、W，外部因素是 O、T。本节用 SWOT 分析法对津南村镇银行进行了分析，总结得出其各个方面的优势、劣势、机会和挑战，从而更加形象直观地观察经营绩效和发展现状。

4.6.3.1　津南村镇银行的优势

（1）产权明晰。包商银行是天津津南村镇银行的发起行，它拥有天津多家企业和公司的持股权，权属关系明确，不存在由于产权不明导致的各种纠纷。因此津南村镇银行拥有比互助组、合作社等相关机构更明晰的产权，这为其持续稳定的经营提供了必要的条件。津南村镇银行成立之初的注册金额为 1 亿元，远远超过银保监会的最低要求，较高的注册金额使津南村镇银行更容易得到公众的认可，更有利于风险的防范，进而促进其扩大业务范围、提高盈利水平。

（2）组织架构合理。前面已对津南村镇银行的组织架构进行了介绍，津南村镇银行的组织架构只有五层，除了具有绝对决策权的股东大会和相关经营战略制定者身份的董事会，经营管理层又进行了细分，被设置为九个部门，

---

① 相关资料于天津津南村镇银行官网（http://tianjJN.bsczd.com.cn/）查询可得。

这九个部门之间的分工既相互独立又有所交叉。例如小微企业金融部与小企业金融部和其他风险、运营、财务部门相互配合，缩小了决策实践之间的距离，简化了操作流程，有利于策略效果的反馈。各个部门的密切沟通与协作也有利于提高效率以及大范围地发展优质客户。

（3）发起行优势。包商银行在建立津南村镇银行之前已经在多个省份创建了多家村镇银行，通过在不同的地区进行实地实践积累了丰富的创建经验和建立了完备的建设体系。包商银行对于村镇银行的管理采用的是独特的管理部模式，在内部专门设立农村金融服务部，与各家村镇银行的农村金融服务部进行对接，以处理各家村镇银行的具体问题与事务。这种模式使包商银行根据各个地区的特色来量身定制独一无二的专业发展战略，还从包商银行的总行派遣专员到村镇银行进行实地考察与指导，对新老员工进行定期培训与教育，及时解决各种疑难问题。对村镇银行从设立到运营的各个方面都给予人员、技术、资金的大力支持和帮助，以保证其能够顺利稳定发展。

（4）区位优势。村镇银行的规模一般较小，营业网点就设在村镇当地，服务范围也仅限于较小的区域内，因此业务的开展也比较灵活便捷。津南村镇银行总行设在天津市津南区，这将是天津市未来几年战略发展的重要地带，要在保证安全性与稳定性的情况下追求盈利，深入贯彻"精一强二兴三"的发展理念，将区域内部的资源整合，与滨海新区合作，共同合作开发两区合作的新产业以及数字化的经济产业园区，在各个镇建成了多家乡镇龙头企业，全区21个设施农业发展迅速，在建设面积和累计投资方面都有显著增长，休闲观光型都市农业初步形成规模经营和集群发展。由于津南村镇银行本身就是从当地成长起来的，因此对当地未来经济走势和现有的产业形态与结构都十分熟悉，对资金需求者的实际资产状况和经营规模也都较为了解，并且对其资金流向也可以有个预判，提前感知风险、预估风险，并及时调整策略，从而灵活应对经济市场的波动。在金融资源和风险控制等方面都具有其他商业银行不可比拟的独特优势。

4.6.3.2　津南村镇银行的劣势

（1）资金来源不足。天津津南村镇银行的收益包括三个方面：留存收益、居民存款和股票发行收益，但从实际经营过程来看，留存收益十分有限，因为津南村镇银行仅在津南地区拥有一定的知名度，范围有限，导致业务量少，除此之外，村镇银行的合作对象以一些农村个人或者小微企业为主，其交易对象自身的收益能力不稳定，继而给村镇银行收益带来了不确定性。在股票发行方面，村镇银行自设立以来对于股本比例就有严格的要求，作为最大股东的金融机构需要至少持股 20%，对于其他民间资本股东也有许多要求，他们很难真正拥有话语权，扩张股本。因此津南村镇银行最主要的资金来源就是居民存款，但根据走访调查了解到，附近居民对其认可程度并不高，大多数人更加青睐一些大型银行，因此"贷款人多，存款人少"，吸储比较困难，有时不得不鼓动股东追加存款完成各项监管指标。

（2）创新能力较弱。在天津津南村镇银行的日常业务中，存贷汇占据了大部分比例，"订单贷"和"商票通"等创新型金融产品只占据了日常业务的一小部分，而且很多产品都是直接从发起行那里直接照搬过来的，没有因地制宜进行合理的创新，相适应产品非常稀缺。例如村镇银行依旧缺乏与融资、农业保险、农产品期货等相关的金融工具，日常业务品种单一，导致金融产品同质化严重，无法满足不同群体的多种需求，也不利于应对复杂多样的金融风险。

（3）人力资源薄弱。津南村镇银行已经成立多年，但员工总计不足 200人，人力资源薄弱。一方面其管理人员也大都是发起行或者其他金融机构转聘过来的，员工主要来源于每年的校园招聘，队伍越来越年轻化，年龄普遍较低，虽然注入了新的活力，但是刚毕业的大学生不免会缺乏相关的工作经验。另一方面村镇银行内部人才流失严重，很多年轻员工往往只是把村镇银行作为职业生涯的跳板，在积累了足够的经验后就会离职，导致人才大量流失。除此之外，村镇银行规模较小，不具备完整系统的培训机构，只能依靠发起行进行统一的员工培训，内部金融人才的培养也缺乏系统性，主要依靠传统的老带新，即由老员工去教授新员工具体操作，员工无法对知识完全地掌握并灵活运用，特别是会计、信贷、科技等关键岗位人员缺乏，大大阻碍了村镇银行的发展。

（4）风险控制能力弱。村镇银行刚刚成立六年，建立时间与其他银行相比较短，缺乏完备的风控体系和相应的监测指标，风险控制能力弱一直是一大难题。尽管津南村镇银行在设立之初就已经建立了风险控制委员会，但是村镇银行的客户主要来源于农户、种植户、小微企业，他们的收入不稳定，受自然环境和市场变化影响显著。无法对市场和价格及时做出准确的预判，一旦发生自然灾害，收入必然会遭受巨大损失。并且由于村镇银行的客户主要是一些散户，他们信贷需求金额小，但频次高，使村镇银行难以及时掌握客户信息，也就无法及时进行准确的预判和调整。此外，员工大都缺乏相关的风险控制经验，无法及时识别潜在风险。表4.11是天津津南村镇银行在2014~2016年度的涉农不良贷款数额。可以发现不良贷款数额在2015年剧增，因此要及时加强对风险的识别和控制，否则在以后的经营发展过程中可能会造成巨大损失。

表4.11 天津津南村镇银行涉农贷款 单位：万元

年份	涉农各项贷款	正常贷款	不良贷款
2014	6324.94	6323.43	6.5
2015	10185.63	10161.69	23.94
2016	14708.90	14686.95	21.94

资料来源：天津市津南村镇银行官网，http://tianjJN.bsczb.com.cn/。

4.6.3.3 津南村镇银行发展机遇

（1）实施农业的供给侧改革。在2015年发布的《政府工作报告》中，明确提出了要进一步转变农业结构发展方式，更加深化农业改革。不仅要积极有效地扩大国内对自产农产品方面的需求，还要从农业供给的角度上来推进结构调整，合理配置要素资源，减少无效低端供给，扩大有效中高端供给。积极主动地尝试多种多样的经营模式，使农业发展朝向产业化、规模化、机械化。积极稳妥推进农村集体产权、林权、土地使用权等方面的各项改革。津南村镇银行现已在天津市的众多银行中立足，此时必须认识到自己在供给侧改革中应该发挥重要作用，要把握发展契机，根据国家发布的相关政策文件以及自身的条件，确定合适的市场定位，服务经济。要认识到在改革背景下，资金需求对农村经济发展的重要性和迫切性，更加注重金融创新，提升金融服务质量，进一步增强供给能力。针对不同群体不同目的的借贷要求，要因人而异，若急需资金，应加快放款速度。还可以尝试以耕地、林地等作为抵押的贷款，以满足发展中的规模化经营主体和乡镇小微企业的资金需求，使他们能够更加方便地进行农产品交易和产权流转。与其他银行相比，村镇银行既可以得到大银行对它在经济和资源上的支持，又在信息上和区位上有一定的优势，更有利于自己确定核心竞争力，激发潜能，积极创新，勇往直前，持续稳健发展。

（2）天津经济的快速发展。近几年来，天津市的经济保持着快速发展的态势，一直以平稳健康可持续发展为目标。在协同发展的新形势下，京津冀立足各自的优势，以优势互补、互利共赢为原则，出台新政策，加深经济往来，协同发展。目前，已与北京市共同建设高科技产业园，推进了科技领域的合作发展；与河北省签署对口帮扶协议，以促进河北省的贫困县在经济、文化、科技等方面的快速发展。2015 年，天津市的企业到河北省进行投资的金额达到 34.89 亿元，对北京的投资达 194.38 亿元，同年引入北京市和河北省的投资金额大约为 812.24 亿元，京津冀三省市的经济更加开放，未来发展形势良好。① 当前中国推行"一带一路"建设，天津市也积极加入，在滨海新区进行了国际货运道路的试运行，并建设了国家级别的经济贸易合作农业产业园区。作为一个本地金融机构，津南村镇银行应在天津市经济快速发展的背景下，把握机会和发展重点，重视创新，逐步发展壮大。

（3）其他金融机构的战略转移。天津津南村镇银行从最初成立时，发展就受到了许多限制和阻碍。与实力强大的商业银行或成立时间已久的农信社等相比，津南村镇银行没有突出的优势，但它仍旧脚踏实地，坚持不懈，找准方向，不断发展壮大。不过，这些大型商业银行的发展也有许多劣势和不足，发展方向逐渐转移，就设立的网点而言，虽然数量多，但分布不深入，缺乏有效措施。例如，中国农业发展银行是中国唯一的一家农业政策性银行，它的主要职责是承担农业政策性金融业务，代理拨付财政支农资金等。它为农业、林业、畜牧业、渔业等提供贷款，给从事农产品相关的企业提供资金，但是个体农户无法获得贷款。另外，近年来，为了降低不良资产率，一些大型金融机构逐渐退出农村金融市场，它们通过撤掉或者合并一些设在县城、乡镇的分支机构和代理点来减少支出。因此津南村镇银行可以抓住当前的机遇，在这些地方增设网点，为缺少信贷支持的农户和小微企业提供服务，满足其贷款需求，增加自己的金融服务广度。

（4）现实需求大。天津津南村镇银行位于津南区，有着很大的发展空间。辖区内的许多居民和外地投资者对金融资本的需求十分强烈，非常看好它未来的发展状况。在农村这种资金需求更加明显。随着经营模式的不断规模化集约化，许多农户和企业都增加了资金投资，如独立经营的农场主、养殖户、乡镇龙头企业、农业中间加工企业等。他们对资金有着强烈的需求，

---

① 京津冀大数据研究课题组. 基于企业大数据对河北吸纳京津投资的新动向分析与对策建议 [J]. 经济与管理，2016（11）.

用途也更加广泛，不仅要买肥料、种子等这些传统生产资料，还要购买大型农用机械来促进农业的机械化生产模式发展。此外，为了提高生活质量或者给子女提供更好的教育环境，人们在衣食住行、教育、医疗、健康等方面投入的资金也越来越多。这些资金除了自己能够提供的之外，购买车子、房子等这些暂时无力支付的产品时所需的大额资金就需要依靠金融机构的贷款。而且现在越来越多的人都有理财观念，他们会将闲散资金用来购买金融机构的理财产品，这为村镇银行的发展带来了良好的机会，它们可以积极拓展客户、发展业务，满足人们的资金需求。

4.6.3.4　津南村镇银行面临的困境与挑战

（1）法律政策的缺失。目前，关于村镇银行的法规和文件主要以意见、通知、条例为主，还停留在配合国家政策上，也没有达到法律层级，导致村镇银行法律制度不够健全，缺少必要的法律约束，没有营造良好的法律制度环境。各机构的规章制度设立也存在问题，通常按照一些商业银行已有的规定来制定，比较分散，不够规范和完善，还没有形成较为完整的体系。法律制度的缺失可能会不利于村镇银行自身的健康平稳发展。另外，农业生产具有脆弱性，受自然资源和自然灾害的影响大，为了防范风险，帮助一些农民群体和农村金融机构减少他们在自然灾害发生时遭受的巨大损失，很多农业大国早在 21 世纪初期就建立了农业保险制度。在一些欠发达地区，也设置了紧急预案。然而，就实际情况来看，虽然我国确立了农业保险法，但不够细致、缺乏针对性，需要制定相应的配套政策和制度来进行完善和细化。虽然已经在全国范围内推广了一些农业灾害的补贴措施，但仅有补贴是不够的，难以满足资金需求。而且，改革在短期内会造成产业结构调整上的不匹配，可能会给农村金融机构带来损失，但村镇银行又无法获得财政和央行补贴。此时，农业保险法律的实施对村镇银行促进和发展农业是十分重要的，有了这个坚实后盾，它们能够更加积极主动地服务于农业。

（2）来自其他金融机构的激烈竞争。近年来，国家越来越关注"三农"问题，农村金融的资金来源主要是政策性银行、商业银行以及其他金融机构。在当前的形势下，许多金融机构都纷纷加大了对农业的支持力度，开展了更多金融服务项目，例如中国农业发展银行、邮政储蓄银行和农业银行，它们一直都积极为农业发展提供资金，致力于促进农业的发展。许多金融机构也看到了农村的发展潜力，纷纷通过各种方式扩大在农村的营业范围，想要从中获益。在这次争夺中，一些大型商业银行具有十分明显的优势，村镇银行只有付出比之前更多的努力，才能在农村区域有所作为，制定合适的发展政策，以增加收益，避免产生财务危机。此外，一些由外资银行发起设立的村镇银行也具有许多优势，这是一般村镇银行无法享受的。它们一般都有外资银行雄厚的财力作为支撑，还享受着对外资银行的特殊补贴、有比较先进的管理经验以及由其他国家发展而来的已经成熟的村镇银行发展模式等。而且为了打进中国市场，它们受到的扶持和关注更多，通过多种途径来提高竞争力，如设置更合适的金融产品、定期组织员工进行调查培训等。相比之下，津南村镇银行明显处于劣势。

（3）优惠政策力度不够大。为了保证村镇银行能够坚持度过初创期，进入平稳发展的阶段，在成立之初，村镇银行就获得许多扶持，涉及奖励、税收、监管等许多方面，也享受着关于利率和存款准备金方面的优惠政策。但从实际情况来看，这些扶持和优惠并不适合刚刚步入正轨的村镇银行，因为有些政策存在有效期限，期限过后，就无法享受，这显然不会对村镇银行产生长期有效的促进作用。农信社已成立数十年、拥有集体背景，与它相比，村镇银行十分年轻且资本大多来自民间，两者之间实力差距相当大，但是村镇银行享受的这些优惠政策的标准与农信社基本持平，农信社还享有财政存款等其他优惠政策。另外，政府通常不会选择村镇银行，而是会让大型金融机构开展一些农村金融服务项目。目前，许多省市已纷纷出台文件来保障村镇银行的利益，而天津市政府还没有发布相关政策文件，造成了津南村镇银行未来发展的不确定性。

（4）民间借贷侵占市场份额。长期以来，津南村镇银行将本该用于农业的信贷资金投资到其他领域，目的是规避风险、保证利润率。然而，这样的做法造成了农村金融供给的严重匮乏，农村的资金通过各种渠道源源不断地从农村流出去。还有，自然条件发生恶化、农产品市场上价格发生波动等，都可能导致涉农贷款无法及时还清，究其原因，就是涉农贷款与自然条件和农产品市场的紧密相关。此外，由于农民没有土地所有权，无法进行买卖，且宅基地十分重要、不能随意担保作为抵押品。在这种情况下，农民面临着有贷款需求但又无东西抵押的窘境，但是民间借贷可以解决这个问题，可以满足农民当季的贷款需求。目前，民间借贷以短期贷款为主，对资金需求的时间短但迫切。主要通过亲朋好友之间的无息借贷，以及邻居同乡之间的较低利率的借贷来满足；此外还有高利贷，利率往往是普通贷款利率的 4 ~ 5

倍。在这种借贷关系中，双方主要通过信誉来维持，即互相信任，借款用途明确。与银行借贷相比，民间借贷方便快捷，不需要进行评估，也不需要复杂的贷款流程，且资金到位及时，能够满足紧急的资金需求，所以民间借贷比较普遍。在天津市的农村，这种借贷也广泛存在。因此在这种形势下，村镇银行需要更多的努力才能开拓市场，提高自己的市场占有份额。

4.6.3.5 津南村镇银行 SWOT 分析总结

将津南村镇银行内部拥有的优势与劣势，以及外部环境中的机遇和挑战进行系统的归纳和总结，来对津南村镇银行进行 SWOT 分析，并且根据初步的分析结果，分别进行了优势—机遇，劣势—机遇，优势—挑战，劣势—挑战四项战略选择，从而制定相应的对策，提出政策建议，如表 4.12 所示。

表 4.12　　　　　　　　天津市津南村镇银行的 SWOT 分析

		内部	
		优势	劣势
		1. 产权明晰，资本金充足 2. 组织架构优势 3. 区位优势 4. 发起行优势	1. 资金来源不足 2. 创新能力较弱 3. 人力资源薄弱 4. 风险控制能力差
外部	机遇 1. 农业供给侧改革政策实施 2. 天津经济的快速发展 3. 商业银行的战略转移 4. 现实需求增大	优势—机遇 在现有情况下，扩大经营规模，依托当地这一优势，为当地政府提供改革资金支持；创造出符合当地居民需求的产品	劣势—机遇 一方面，机会的增加有利于其扩充资金来源和客户群体；另一方面，其自身创新能力与风控能力不足也可能导致机遇的消失
	挑战 1. 法律制度还不健全 2. 其他金融机构的竞争 3. 优惠政策不给力 4 民间借贷对市场份额的侵占	优势—挑战 坚持合规经营，不断提高自身实力，利用灵活的管理机构和发起行资源，提高服务水平，争取优质客户	劣势—挑战 客户资源紧张；日常经营活动存在巨大风险和合规隐患；缺乏优厚政策扶持导致经营难以为继

我们可以从表 4.12 中发现，将津南村镇银行的各个优势、劣势、机遇与挑战进行了两两组合后，可以产生"1＋1＞2"的效果。这主要体现在将机

会和优势进行结合，如果津南村镇银行能够利用自己的各种优势，把握机会，将促进它的不断壮大和可持续发展。

村镇银行的可持续发展遵循"木桶原理"，单一方面的优势不会给整体带来增长，因此既需要"扬长"，也需要"改短"。通过对津南村镇银行的分析，我们可以发现其在未来有几个方面需要改善：提升产品的适配性，重视创新性，准确找准市场定位，保持人才资源的可持续性，增强风险控制能力，及时满足资金流的需求。这些方面的短板会对其日常的经营活动产生负面影响，阻碍其发展壮大。因此，针对这些问题，本章提出了一些建议。

4.6.4　津南村镇银行调研结论

4.6.4.1　调研结论

通过 SWOT 分析，我们通过多角度、多层次，全面覆盖分析了津南村镇银行的优势、劣势、机遇和挑战。

充足的资金以及有效的指导已经为其发展提供了动力，但其资金获取渠道相对比较简单，数量少，导致其不能够正常发展。面对这样的问题，银行在其存款形式方面应寻求更多突破，打造农村存款营销布局规划系统，将每一地方村设立为单位进行营销，结合村民特征、经济发展状况和消费习惯等因素，制定营销计划把握主动权。

金融产品过于保守。津南村镇银行基本不自主创造金融产品，其金融产品大多都是仿照发起行，因此在自主性方面不具备优势。农业的供给侧改革提供了大量机会，因此我们应该在贷款流程、借贷手续、工作效率等方面做出改进和提升。更要针对当地人口创造与其相配套的金融产品，将过去的金融产品进行革新并提高其质量。

缺乏风险控制能力。在农业贷款方面，津南村镇银行发生不良贷款也表明其风险控制能力不足。那么银行自身应做到的就是尽可能提高自己识别风险的能力，成立机制以做好预警工作并对资金设立红线从而降低损失。它还必须与同区域内的其他金融机构建立合作关系，成立信用数据共享机制，建立信用信息系统，建立农业保险组织。

缺乏专业人才。津南村镇银行只有数量刚刚过百的工作人员，各个领域专业人员匮乏。在如今的农业供给侧改革方针下，各金融机构应将自己的业务延伸到各个方面而不只着眼自身。掌握各行业的基础知识和农村的现实状况。所以首先，银行应加速对相关精英人才引进。其次，还要成立一套完善的培训系统，加强工作人员对商业知识和银行未来发展的认识，提高内部人才占比，自给自足。

4.6.4.2　对策建议

对于上述问题，提出了以下对策。

（1）要明确市场定位并提供成熟的金融服务。津南村镇银行处在一个非常适合其发展的环境之中。大型商业银行、股份制商业银行、邮政储蓄银行，以及外资银行等存在着较为激烈的市场竞争。若要发展好，就要明确市场定位并提供成熟的金融服务。

市场定位主要包括三个方面：客户定位，区域定位和产品定位。首先要以客户为基准，银行应培养一批优质的客户群体，将其细分为初级客户和长期高级农户，并生成合作档案，使其能够随时审阅，建立重新调查方针，提高操作效率以及生产力。针对一些小微企业复杂的借贷金额情况，可以采用单独支付和按次付费的方式来减少其支付贷款利息困扰。其次是区域定位。虽然暂时只有八家支行，但仍可以以其为基础，在主要的农村乡镇地区设立便捷的网点和联络站。增加业务发展方向，使得农村乡镇在农业供给侧改革过程中得到更多的专用资金，从而补足资金，也很大程度地降低了风险，减少了工作压力和无谓的沉没成本。最后是产品定位。发展当前产品的特点，探索供给侧改革下适合其发展的新途径以及新的金融需求，创新推出适合农村的新型金融工具。农业供应部门改革中的新企业实体也将成为新的闪光点，例如农业项目的创新（畜牧业、种植业和水产养殖等）。村镇银行将其放在首位提供支持，加快生产速度，优化产品质量，生产要注重匹配农村的特点，生产与农民生活情况密切相关的产品。

银行若想完善自己的业务，就必须要明确界定自己的市场地位，才能在农业供给侧结构性改革中寻求自己的生存条件和发展机会，扩展业务范围，发展自己的创新产品，培养一批优质客户并提高其忠诚度。

（2）增加资金获取渠道，弥补资金缺口。影响晋南乡镇发展一个极其重要的因素就是资金方面的问题。不管是扩大经营范围，设置营业网点，吸引专业精英，创造优质产品，还是在农业供给方改革中提供信贷服务，都需要资金。因此，银行不得不拓展资金获取渠道来填补资金缺口。

首先，对于银行自身来说，我们应该发展所有工作人员进行营销，让银行员工意识到工作的紧迫感，使所有员工提高自己的工作责任感。员工们都有着明确的分工，对于不同的领域，应严格建立每个领域的绩效指标以及考核体系，对农村市场的发展环境进行详细的分析。打造农村存款营销布局规划体系，以津南区为营销单位，结合经济发展、人才结构特点和消费习惯，制定营销战略并采取主动的态度。其次，提高银行股东积极性。股东是银行的实际控制人和受益人，因此应承担更多的资本扩张责任。其他股东包括津南区的企业和个人，有着不错的发展势头，也能够提供较强的影响力和庞大的资本。股东们为了达到利益最大化，会主动利用他们的影响力来发展更丰富的信贷业务以及更多的储蓄存款客户。

外部资金主要是由中国人民银行（即央行）对农业再融资进行扶持所提供的，而不仅仅是头寸再融资以及贴现再融资。可以开发各种再融资作为农村银行补充资金的来源。津南村镇银行应积极参与农业供给侧改革浪潮，响应央行对农业相关业务的支持，落实信贷要求，解决农村区域贷款难的问题，央行的再融资缓解了资金不足的问题。此外，在遵守法律规定的基础上，在发起行的引导下，有条理地发行优先股和债券，增加资金来源的同时也可以缓解股东因股权稀释而引起的不安。

（3）研究产品特征并研制新型产品。对于一个企业来说，若想发展壮大，创新是一项不可或缺的动力，它决定了企业是否能够在激烈的竞争中生存并持续发展。在过去的几年里，津南村镇银行依靠复制银行的产品模式来发挥普遍金融产品的利益，这在农业供给侧改革的潮流中是不可持续的。因此，要想把握当前的机遇，使自己大跨步前进，只有改革创新这一条出路。

首先，运用波士顿矩阵将当前产品的销售增长率以及市场份额调查纳入其中。产品主要有以下几种类型：问号产品、瘦狗产品、明星产品和摇钱树产品。对于瘦狗产品，立即停止并消除它们，以避免更多的资源浪费。对于明星产品，应积极提高销售量，加大宣传力度，提高营销绩效。一般情况下，摇钱树产品是银行最主要的产品。所以在开展工作时要把握好两方面的内容：第一要考虑到如何配置好资源，第二要考虑其是否会干扰到日常工作。问号产品在我们改革创新中会起到决定性作用。制定严谨的战略计划以快速推动产品进入市场。

其次，我们应该通过进行大胆的创新以升级信用模型并更新产品类别。

可能会出现各种奇怪的情况和前所未闻的组合，因此要大胆的尝试，避免因过于保守从而浪费机会。因此，需要改进创新其信贷业务，持有"效率至上"的服务态度，并尽可能压缩贷前调查与最终贷款的间隔时间。在日常工作中，加入严格控制流程的环节，在风险处于可控范围内的前提下尽早处理客户的融资要求。担保在其中起到了非常重要的作用，因此更应该积极改进担保方法。可以实施联合担保互保贷款。需要贷款的借款人自发组建联合担保队伍，拉开不同抵押品之间的差距。在合规合法的条件下，对于村镇银行来说，它可以以农村内部所有可以作为抵押品的资产为基础，对担保抵押措施进行更新，探索一些有效的办法以保障质押品，如林地使用权、土地承包经营权等，对农产品订单的生成速度进行提升。在还款和未来质押担保体系方面，尤其是还款方式方面，要分析客户的基本情况，调查资金链来源，舍弃不合理的还款要求，采取分期偿还和延期偿还或者循环贷款的新型还款方式。利用便捷的还款方式提高信贷资金的使用效率，以及农业支持的效率。

最后，在产品类型方面，我们致力于开发"农民+协会+企业""银行+担保公司+农户"等信贷产品，并开发应收账款贷款和订单贷款等产业链金融产品。对客户进行严格细分，根据当地条件，针对不同类型的客户，对贷款方式进行更新换代，本着对不同类型的客户提供与其相适合的产品，对不同种类的需求提供与其相配套的服务。对过时的金融工具和金融技术予以更新，并针对该地区的需求生产相应的产品。

（4）控制风险，稳步提高绩效水平。经分析得到，津南村镇银行的风控水平还有所欠缺，其中频频发生不良贷款的情况，足以证明这里没有一个相对健康的外部信用环境。那么如何更有效地控制风险？一方面对银行自身的风险体系进行改善，另一方面金融机构应该共同促进，共同发展，为银行创造一个安全的宏观环境。

内部风险的控制方面还需要解决一些问题，第一，要培训员工以提升贷款业务方面的能力，成立贷款流程责任机制，依据经济发展状况和信用评级体系，为内部信贷人员打造使工作人员可以通过问卷调查获取客户信用情况以及偿还能力的评估体系。选择合适的贷款额度和贷款时间，在客户的信用情况的基础上建立数据库。第二，注重提高工作人员的工作能力、风险意识以及风险控制能力。对于企业内部能够自主学习风险管理知识，自律，严格要求自己，认真，工作能力强的基层员工，应给予鼓励提拔，吸收熟悉农村情况的专业人才，能够提高工作效率。第三，强化风险评估和警报机制。风险评估是每个银行必不可少的一项基础指标，村镇银行更是如此，因此村镇银行要针对那些风险高、客户密度高的行业进行评估。风险评估体现了资金流动状况，还压缩了特殊行业的贷款金额。警报机制与流动性资金缺口更为相关。银行应每隔一段时间进行一次压力测试或其他应急分析测试，以量化流动性资金缺口，及时补充准备资金，从而抑制流动性风险。对于那些不遵守规章制度或造成风险的情况，应管理员工，坚持奖惩且惩罚适当的原则。

银行需要自己做出努力来应对外部的风险环境。首先，在一些农村地区，还存在着信用记录缺失等问题，这就需要银行派遣信贷员来对农村进行深度调查从而获取客户信息并以此为基础设置信用档案。其次，考虑到当前还存在着巨额风险成本，村镇银行应积极获取政府风险补偿金，也可以与天津其他农村金融机构建立合作关系，并在其所在区域内成立农业保险公司。采取强制保险的方式来为客户和银行的利益提供保障。最后，客户依旧是风险的主要来源，违约事件如此泛滥还是要归因于客户的失信成本太低。所以有必要加强对违约客户的惩罚力度。对于在银行中具有违约前科的客户，必须在经济方面给予严格的惩罚。另外，还应将这些违约客户拉进银行黑名单，并通知行业全体。鼓励那些信誉良好的客户并在其申请银行贷款时提供一些福利。

（5）完善人才引进机制，加速人才培养进程。首先研究表明责任心强、善于管理的高级管理人员可以减少在经营中因人为因素引发的各种风险，因此银行应积极引进这类人才来降低银行的操作风险。其次有较强金融专业知识和可以运用专业知识来指导实践的人才，能够更好地提高银行的工作效率，为银行的发展奠定更好的人力资本，而且银行内其他员工的人生观、世界观和价值观会受优秀人才的服务社会、爱岗敬业、为人民服务的崇高精神的影响，所以银行可以通过引进这类人才给银行内其他员工树立榜样，在工作中起到带头表率作用，不仅可以带动员工进行自我提升，开发员工自身潜能，提高员工的工作积极性和主观能动性，而且还可以促进银行健康稳健的发展，为银行在激烈的竞争中取得一席之地奠定基础。

银行内部应加强对人才培训的重视和完善内部人员选拔机制。首先可以学习发起行人员培训的方式和制度，在村镇银行成立初期，招聘的员工素质参差不齐，可以先让员工对各自岗位的职责、操作方法、必要技能以及应急措施等进行学习，这样不仅可以让员工明确自身的职责，还可以让员工熟悉自身的工作，提高工作人员的运营水平。其次银行要完善选拔机制，提供公平公正的晋升渠道，例如对于一些干部职位的任免，不仅仅是从外部招募一些有经验的专家，也要从内部鼓励优秀的员工竞聘上岗，这样可以提高员工对工作的积极性和热情度。最后在人才培训方面，应该就员工的不同岗位和层级进行相应的人才培训，不能一概而论，这样可以防止"小人物大干部"和"小职员高要求"等现象发生，降低人力成本，把各岗位的人才优势发挥到最大程度，避免人才流失。银行面临许多风险，例如经营风险、违约风险、操作风险等，所以在银行的人才培训中，应重视对风险识别和风险规避的培训，不仅要让员工对各类风险的发生原因、具体情况以及对银行利益的损害进行深刻地了解，还应该让员工学会怎样把发生的风险降到最低。对风险识别和规避的培训，不仅是培训员工的操作能力，更注重的是培养员工的风险防范意识，银行应对缺少风险意识的员工提出通报批评，促进员工形成敏锐的风险防范意识，为银行茁壮健康成长奠定基石。

第5章　小额贷款公司改革绩效研究：基于两阶段 DEA 交叉效率模型

小额信贷业务在我国发展了近 30 年，开展小额信贷业务的除小额贷款公司外，主要有农村信用社、农村商业银行、中国农业银行和邮政储蓄银行。本章主要对小额贷款公司的改革绩效进行研究：首先以 2012～2016 年中国 31 个省份的面板数据为基础，对小额信贷在我国农村地区发展的区域性差异尤其是对农民增收的影响进行聚类分析，由此得出小额信贷业务对引导资金流向农村和欠发达地区，促进农村经济发展具有重大的经济和社会意义。然后运用数据包络分析法两阶段交叉效率模型对小额贷款公司的改革绩效进行测度与评价。

5.1　小额信贷业务在我国发展的区域性差异分析

小额信贷始于孟加拉国，旨在为贫困、低收入的人口和微型企业提供金融服务，是一种扶贫的有效金融工具。1993 年杜晓山对孟加拉国的格莱珉银行进行了考察，回国后在河北易县设立了扶贫经济合作社，为我国引入小额信贷这一概念。1999 年，农村信用社最先开始推广小额信贷业务，根据农户的信用情况确定贷款额度并发放贷款证，利率低、手续简单等优点使小额信贷业务迅速在贫困地区推广开来，支持了我国的扶贫工作。2005 年，中国人民银行指导山西、陕西、四川、贵州和内蒙古五个省份进行小额贷款公司试点，由此，小额信贷也进入了商业化的运作阶段。

截至 2017 年末，我国的小额贷款公司共有 8551 家，贷款余额共 9799 亿元，全年增加了 504 亿元。[①] 到 2017 年小额信贷作为一种扶贫的主要手段，

---

① 资料来源：《中国人民银行 2017 年小额贷款公司数据统计报告》。

与传统商业贷款存在较大的差异。小额信贷的贷款对象主要是农户和小微企业，由于他们所需贷款数额小、风险大、缺少担保、贷款管理难，所以，传统商业贷款抵押的严格要求与复杂的审批手续使他们难以获得贷款，造成了农村地区金融服务的空白，贷款难问题使农户难以改善目前的生活状况，难以扩大农业生产，限制农村经济的发展。

首先，小额信贷针对农村的特点降低了贷款的要求，使有正常贷款需求且满足较低贷款要求的农户和小微企业能够从各种金融机构或非正规金融机构获得贷款。其次，由于农户获得贷款主要是为了从事农业生产，因此，他们所需要的贷款的期限一般与农业生产周期一致，小额信贷提供的贷款期限以三至六个月或一年居多，贷款的额度也没有传统商业贷款的额度大。从事农业生产的农户基本上都缺少正式的抵押物，难以获得传统商业贷款，小额信贷针对这一问题也不断地创新担保方式。小额信贷作为一种新型的农村金融服务模式，降低了农民的融资成本，促进了农村的经济发展，支持了我国的新农村建设。

但是在对小额贷款公司经营绩效进行研究的过程中，通过描述性统计发现，我国区域间的小额信贷业务发展失衡，例如2016年底，宁夏回族自治区农民人均小额贷款余额为400元，而重庆市农民人均小额贷款余额为8700元，是宁夏农民人均小额贷款余额的21.75倍。所以本章先就我国小额信贷业务发展的区域性差异进行了比较和分析。

5.1.1　区域性差异分析相关文献综述

自小额信贷产生以来，国内外学者针对小额信贷可持续发展与对扶贫的作用等方面进行了大量的研究，为小额信贷的实践提供了参考。国外对小额贷款的研究起步较早，莫斯利（P. Mosley，2001）调查了四家小额信贷机构以评估小额信贷对贫困的作用，认为小额信贷减少了贫困人口但效果不够显著，尤其针对减少极端贫困方面的效果不够理想。安吉利托等（Angelito，2016）调查了211个小额信贷客户家庭和非小额信贷客户家庭，认为小额信贷减少了菲律宾的贫困并改善了贫困人口的生活。在中国，最先开始小额信贷研究的是被誉为我国"小额信贷之父"的杜晓山教授，1993年杜晓山对孟加拉国的格莱珉银行进行了考察，回国后杜晓山（1993）提出要借鉴国外成功的经验，在我国建立以扶贫为宗旨的乡村金融机构。程恩江和刘西川（2010）对内蒙古、河南省和山西省的三个贫困县进行了调查，通过需求可识别双变量 Probit 模型得出农户难以参与正规信贷市场，小额信贷机构可以利用自身优势向正规金融机构无法触及的群体提供金融服务的结论。邢道均（2011）在 2008～2010 年对苏北五市 360 家农村中小企业进行调查，基于调查数据利用 Probit 模型比较了小额贷款公司与正规金融机构的信贷覆盖面，得出了农村小额贷款公司缓解了农村中小企业的正规信贷约束的结论。而周月书（2013）调查了江苏省淮安市 242 家农村小微企业，利用 Probit 模型实证分析了该地区小额贷款公司对正规金融机构信贷行为的影响，得出了与邢道均相同的结论，认为小额贷款弥补了正规信贷配给的短缺。陈银娥和王毓槐（2012）调查了河南省民权县 500 户的贷款情况用来研究小额信贷与贫困农民收入增长之间的关系，结果表明小额信贷对贫困农民的收入影响有限，认为我国应积极发展小额信贷使其在扶贫中发挥更大的作用。随着计量方法的改进，胡宗义、罗柳丹（2016）基于中国 26 个省份 2003～2011 年的面板数据进行了定量研究，发现小额贷款具有显著的减贫效应，其降低农村绝对贫困程度的效应要大于降低农村贫困人口相对收入短缺和收入不平等程度的效应。

　　学者对于小额信贷的研究大多集中于小额信贷对于减贫的作用，对于减贫的区域性差异并没有深入研究，本章在前人研究的基础上，采用聚类分析的方法按照小额信贷的发展情况将各省份进行分类，分析省份与省份之间小额信贷发展的差异，并对分类后的小组进行实证分析，探讨不同小组的小额信贷对农村经济促进作用的差异并提出政策建议。

5.1.2　模型构建及数据来源

　　结合本章的研究目的，选取农村经济状况（剔除农村人口差异）和农村人均小额贷款两个指标来进行研究，指标的选取与具体说明如表 5.1 所示。计算该指标的数据包括 2012～2016 年 31 个省份的第三产业增加值、农村人口和年末小额贷款余额，数据均来源于 Choice 金融数据库。

表 5.1　　　　　　　　　　　　　　　指标选取及说明

指标名称	指标编码	指标计算	指标说明
农村经济状况	ECO	第三产业增加值/农村人口	剔除各省由于农村人口差异带来的影响，客观反映各省的真实农村经济状况，该指标数值越大，说明农村经济状况越好

续表

指标名称	指标编码	指标计算	指标说明
农村人均小额贷款	MIC	年末小额贷款余额/农村人口	剔除各省由于农村人口差异带来的影响,真实反映小额贷款在各省的发展水平

农村的经济状况指标选用的是农村人均第三产业增加值,该指标能客观反映农村扩大再生产、改善生活条件的能力;用农村人均小额贷款来衡量小额贷款在农村的发展状况。基于数据的适用性,虽然小额信贷在中国的发展可以追溯到1999年,我国农村信用社开始推广小额信贷,但直到2008年《关于小额贷款公司试点的指导意见》出台,新型农村金融机构应运而生,小额贷款机构逐渐发展起来,小额信贷业务在我国才得到充分发展。因此,选取2012~2016年的数据研究小额信贷对农村经济的作用以及小额信贷在农村发展的区域性差异,而这些数据也与之后小额贷款公司经营绩效研究的时间节点选取相一致。

首先,以农村经济状况(ECO)为被解释变量,农村人均小额贷款(MIC)为解释变量,绘制出散点图,如图5.1左图所示,由图5.1可见,数据分布较为分散。再以 ln(GDP)为被解释变量,ln(MIC)为解释变量绘制散点图,如图5.1右图所示,由此可知该面板数据更适合建立 ln(GDP)和 ln(MIC)的线性回归以减少异方差性的影响。

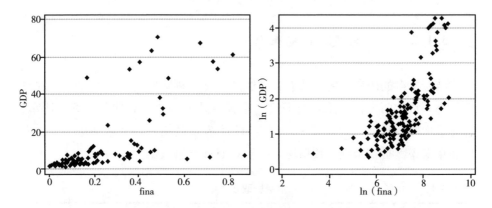

图5.1 农村经济状况 ECO 与农村小额贷款余额 MIC 的散点分布情况

注:左图为原始数据,以农村经济状况(ECO)为被解释变量,农村人均小额贷款(MIC)为解释变量。右图为对数形式,以 ln(GDP)为被解释变量,ln(MIC)为解释变量。

传统计量经济分析要求只有数据变量平稳,计量方法才是合理有效的。

如果时间序列为非平稳序列，将可能出现"伪回归"现象，所进行的研究就会失去意义，因此，在建立模型前需要对数据的平稳性进行检验。对于面板数据的平稳性检验，主要有 LLC 检验[①]、IPS 检验[②]等方法，本章采用两种常用的检验方法对变量进行平稳性检验，检验结果如表 5.2 所示。

表 5.2　　　　　　　　　面板数据平稳性检验结果

检验方法	ln(GDP)	ln(MIC)
LLC 检验	- 138.154 (0.0000)	- 40.9655 (0.0000)
IPS 检验	- 34.4033 (0.0000)	- 7.30157 (0.0000)

注：检验结果为 LLC 检验和 IPS 检验的 t 统计量，括号内为 P 值。

由表 5.2 可知，LLC 检验和 IPS 检验均表明各变量在 5% 的显著水平下拒绝原假设，即 ln（GDP）与 ln（MIC）均具有平稳性。由此，建立面板数据基本模型如下：

$$\ln(GDP)_{it} = \alpha_i + \ln(MIC)_{it}\beta_i + \mu_{it} \quad i = 1,\cdots,31; t = 1,\cdots,5 \qquad (5.1)$$

为了进一步分析小额信贷发展的区域差异，将我国按传统的地域区分方法分为东部、中部和西部三个地区，比较东部、中部和西部地区 2013 年和 2016 年的农村人均小额贷款余额，结果如图 5.2 所示。

由图 5.2 可知，2013 年与 2016 年各省份的农村人均小额贷款余额相差不大，主要原因是小额贷款在经历了爆炸式的增长以后逐渐步入可持续发展的轨道。但小额贷款在各省份之间发展并不均衡，从整体来看，小额贷款在东部地区的发展优于在西部地区与中部地区的发展，尤其是北京、天津、上海、江苏和浙江五省份的优势较为明显；西部地区只有重庆和内蒙古的发展情况较好，重庆 2016 年的农村人均小额贷款余额出现了较大幅度的增长；与东部和西部地区相比，中部地区的小额贷款发展水平整体较弱。从传统三大经济区的划分来看，三大地区内部依然存在结构性差异，因此不能以该划分标准

① Andrew Levin, Chen-Fu Lin, Chia-Shang James Chu. Unit root tests in panel data: asymptotic and finite-sample properties [J]. Journal of Econometrics, 2002, 108: 1 - 24.

② Kyung So Im, Hashem M Pesaran, Yongcheol Shin. Testing for unit room in heterogeneous panels [J]. Journal of Econometrics, 2003, 115: 53 - 74.

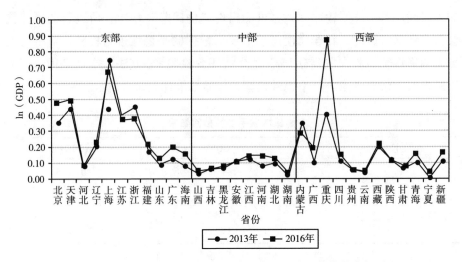

图 5.2　2013 年与 2016 年三大经济区农村人均小额贷款余额对比

构建面板模型。

5.1.3　聚类分析及研究结论

在大数据时代，聚类分析作为一种数据挖掘手段被广泛地应用于许多领域中，如市场研究、数据分析、模式识别等。传统的聚类分析对象一般是时间序列数据或是截面数据，但二维的数据聚类分析已渐渐不能满足人们的需要，因为固定时期的聚类分析无法显示指标的未来发展轨迹，对于面板数据的聚类分析则可以清晰地预测指标的动态发展趋势。面板数据的聚类分析是将面板数据按一定的规则进行划分，将特征相似的对象划为一类，同一类包含的对象相似性较高，不同类包含的对象相似性较低，相似度越高，聚类分析的效果就越好。这样相似的变量聚集在一起，就可以从大量的变量中选择少数具有代表性的变量进行分析，降低变量维度并减少变量个数。传统聚类分析法是面板数据的常用聚类分析方法，该方法依据样本间的距离进行聚类，不同的类间距离将产生不同的聚类方法，常见的类间距离方法有：Ward 法、最短距离法、最长距离法、类平均法等。其中 Ward 法应用较为广泛，Ward 法也称离差平方和法，该方法假设将 n 个样本分为 k 类，即 C_1，C_2，…，C_K，用 X_{it} 表示 G_t 中第 i 个样本，n_t 表示 G_t 中的样本个数，X_t 表示 G_t 的重心，则离差平方和公式为式（5.2）。

$$S = \sum_{t=1}^{k} S_t = \sum_{t=1}^{k} \sum_{i=1}^{n} (X_{tl} - \overline{X_t})'(X_{tl} - \overline{X_t}) \qquad (5.2)$$

本章即利用 SPSS 软件，选用测量区间为 Euclidean Distance 的 Ward 法，统计的方案范围选为 3 ~ 5 组，然后对原始数据进行聚类（朱建平等，2007），结果如图 5.3 所示。

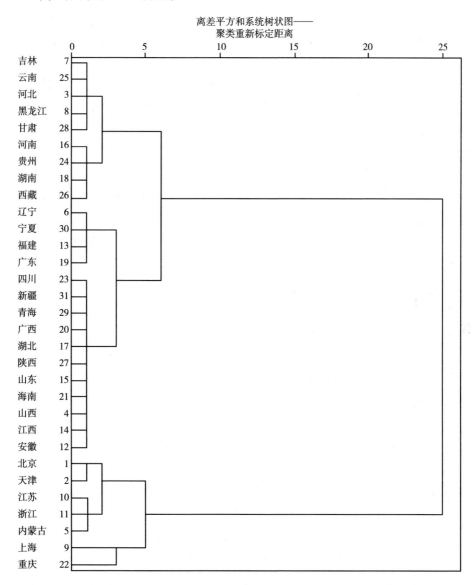

图 5.3 面板数据聚类分析谱系

根据聚类分析的结果，按照我国小额贷款发展水平的相似程度，将 31 个省份分为四组。

第一组：上海、重庆（共 2 个省份）。本组的上海与重庆两市为农村小额贷款发展最好的地区。该组的农村人均小额贷款余额均超过其他地区，尤其是重庆地区在 2016 年小额贷款有较大的发展，主要原因是重庆市的监管设立条件较为宽松，在融资方式、杠杆率、税收政策等方面具有优惠，并且互联网龙头企业不断进入，推动了重庆市互联网小额贷款的快速发展。

第二组：北京、天津、江苏、浙江、内蒙古（共 5 个省份）。本组主要为东部省份，内蒙古为 2008 年首批小额贷款试点区。这五个省份 2016 年的农村人均小额贷款余额均超过 2016 年的平均水平，为小额贷款发展较好的地区。

第三组：辽宁、宁夏、福建、广东、四川、新疆、青海、广西、湖北、陕西、山东、海南、山西、江西、安徽（共 15 个省份）。该组的 15 个省份多处于中部和西部地区，它们 2016 年农村人均小额贷款余额大多处于 2016 年的平均水平，且历年都没有较大的增长，可见该地区的小额贷款发展水平一般。

第四组：吉林、云南、河北、黑龙江、甘肃、河南、贵州、湖南、西藏（共 9 个省份）。该组的各年农村人均小额贷款余额均较低，无法达到全国平均水平，小额贷款的发展水平较低。

经过聚类分析后，上述划分的四组已达到"组内差异最小，组间差异最大"的要求。面板数据根据截距项与系数的不同可以分为三种：变系数模型、变截距模型和不变系数模型。以式（5.1）为基础，使用广义最小二乘法（GLS）估计参数并根据 F 统计量判断模型的类型，假设 H1：$\beta_1 = \beta_2 = \cdots = \beta_{31}$；H2：$\alpha_1 = \alpha_2 = \cdots = \alpha_{31}$；如果拒绝 H1，则模型为变系数模型；如果接受 H1 且接受 H2，则模型为不变系数模型；如果接受 H1 但拒绝 H2，则模型为变截距模型。如果检验结果为变截距模型或不变系数模型，则聚类结果符合要求。使用 EViews 进行协方差检验的结果如表 5.3 所示。

由表 5.3 可知，经过聚类分析后分成的四组均为变截距模型，不需要对各组进行拆分并重新聚类。接下来对四组进行豪斯曼（Hausman）检验，以判断各组适用于个体固定效应模型还是个体随机效应模型，结果如表 5.4 所示。

表 5. 3　　　　　　　　　　　　　　协方差检验结果

分组	F2	F1	检验结果
第一组	516. 7701 (7. 2599)	0. 1550 (8. 8131)	变截距模型
第二组	54. 2897 (3. 1987)	0. 7465 (3. 8043)	变截距模型
第三组	22. 4672 (1. 9189)	1. 0380 (2. 1725)	变截距模型
第四组	21. 4244 (2. 3373)	0. 3134 (2. 7074)	变截距模型

注：括号内为 F 分布在 5% 显著水平下的临界值。

表 5. 4　　　　　　　　　　　　　　豪斯曼检验结果

分组	P 值	检验结果
第一组	0. 0000	固定效应模型
第二组	0. 8180	随机效应模型
第三组	0. 5858	随机效应模型
第四组	0. 0394	固定效应模型

由表 5.4 可知，第一组（上海、重庆）与第四组（吉林、云南、河北、黑龙江、甘肃、河南、贵州、湖南、西藏）适用固定效应模型，第二组（北京、天津、江苏、浙江、内蒙古）与第三组（辽宁、宁夏、福建、广东、四川、新疆、青海、广西、湖北、陕西、山东、海南、山西、江西、安徽）适用随机效应模型。使用广义最小二乘法对上述四组的回归方程进行估计，结果如表 5. 5 所示。

表 5. 5　　　　　　　　　　　　　　回归方程估计结果

分组	变量	系数	标准误	T 检验	P 值
第一组	C	− 2. 0595	0. 7638	− 2. 6964	0. 0308
	ln(MIC)	0. 5643	0. 0878	6. 4304	0. 0004
第二组	C	0. 2601	1. 5271	0. 1703	0. 8662
	ln(MIC)	0. 3084	0. 1769	1. 7434	0. 0946

续表

分组	变量	系数	标准误	T 检验	P 值
第三组	C	− 2. 5556	0. 3972	− 6. 4333	0. 0000
	ln(MIC)	0. 5472	0. 0534	10. 2502	0. 0000
第四组	C	− 2. 6070	0. 5813	− 4. 4845	0. 0001
	ln(MIC)	0. 6076	0. 0893	6. 8026	0. 0000

回归结果显示第一组、第三组和第四组的各参数均在5%的统计水平下显著。

实证结果表明，小额贷款在不同地区的发展水平有差异，并且小额贷款在不同地区对经济的促进作用也存在差异。

（1）根据聚类分析的结果可知，小额贷款在不同地区的发展存在差异，发展存在不均衡，对聚类分析归纳的四组进行回归方程估计，除了第二组的参数在5%的统计水平下不显著，第一组、第三组和第四组 ln（MIC）的系数均为正数，这表明大力发展小额信贷，拓宽农民的融资渠道，使农民更便捷地获取贷款，有利于农民的增收，有利于农村经济的发展。

（2）小额贷款对农村经济增长贡献最大的是第四组，第四组的 ln（ECO）对 ln（MIC）的弹性系数为 0. 6076，这表明第四组的农村人均小额贷款余额每增长 1 个单位，人均第三产业 GDP 将增长 60. 76%，这一比例大大高于第一组和第三组。根据小额贷款在农村发展情况的聚类分析结果可知，第四组的 9 个省份的小额贷款发展情况较差，农村人均小额贷款余额一直较低，且近些年也没有较大的发展。第一组和第三组的 ln（ECO）对 ln（MIC）的弹性系数相差不大，第一组稍高于第三组，从聚类分析的结果来看，第一组和第三组包括的各省份的小额贷款发展水平均优于第四组的 9 个省份，但第一组和第三组的 ln（ECO）对 ln（MIC）的弹性系数却均低于第四组，这表明虽然第一组和第三组各省份的小额贷款发展较好，但并没有将小额贷款的发展优势完全转化为对扶贫目标的支持，没有形成与农村经济的良性互动。反而在小额贷款发展较弱的地区，小额信贷机构更好地兼顾了服务"三农"和自身财务可持续发展的双重目标，在坚持"小额、分散"的原则下，有效地填补了农村贫困地区的金融服务空白。

（3）互联网小额贷款衍生于传统小额贷款行业，是对传统小贷行业的一次有效创新，依托互联网的高速发展迅速扩展。例如迪蒙互金小贷系统就是以大数据、云计算、金融科技等技术为基础，开创性融合"互联网 + 金融 +

电商"三大属性，颠覆了传统小贷 OA 管理模式，结合反欺诈系统及风控模型对借款人资信进行评估，实现秒级授信快速放款。这种"互联网＋"的模式打破了地域限制，有利于解决传统小贷效率低、成本高、管理难等问题。截至 2017 年 5 月 20 日，我国互联网小额贷款公司发展较好的五个地区如表 5.6 所示。

表 5.6　　　　　　　　互联网小额贷款公司地区发展排名 TOP5

排名	地区	从业人数（人）	实收资本（亿元）	贷款余额（亿元）
1	广东	2111	154.05	164.16
2	重庆	1573	106.65	113.65
3	江苏	382	47.40	50.51
4	江西	330	43.45	46.30
5	上海	277	27.65	29.47

根据表 5.6 可知，第一组（上海、重庆）的互联网小额贷款公司发展最为活跃，但根据回归方程估计结果可知，第一组对于农村经济的促进作用较弱，表明互联网小额贷款没有很好地发挥其普惠金融的属性，使农村地区搭上互联网小额贷款发展的"顺风车"。

通过上述实证分析可以发现，第一，小额贷款公司还是需要坚持分散经营的原则，坚持服务于"三农"与小微企业。通过市场调查，寻找客户潜在的资金需求。根据农业生产品种的多样性、农产品生长周期的不同、农村客户需求的个性化，小额贷款公司应根据客户的具体需求，扩大对农户的贷款额度，在贷款金额、贷款期限、还款方式等方面进行创新。运用互联网技术，降低交易成本，延伸服务半径。由于农村信用体系的建设不够完善，使得金融机构面临较大的风险，为解决这种信息不对称问题或信息缺失问题，应尽快完善信用体系建设，不断强化市场经济的法律约束，尽快将小额贷款公司纳入人民银行征信平台，降低贷款风险。同时在农村普及信用知识，帮助农民增强信用意识，降低或者取消失信农户的授信资格，激励守信行为，惩戒失信行为，依靠公检法部门打击欠贷不还行为，以降低客户违约风险，遏制农村信用环境的恶化，维护小额信贷的良好秩序，创造良好的信用环境。同时开展涉农保险业务，即"小额贷款＋小额保险"，分散由自然生产过程的不确定引发的风险，在发生自然灾害或意外事故后，由保险公司提供一部分经济补偿，分散涉农贷的风险，形成农户与农村信贷市场的良性互动，推动小额信贷的可持续发展。

第二，加大政策扶持力度。人民银行和银监会应该尽快建立适合我国小额信贷健康可持续发展的法律框架和监管体系，对于身份特殊的小额贷款公司，监管部门应尽快明确其合法身份，将其纳入统一的金融监管之中，采用放宽准入标准、严格监管的审慎性原则，以法律制度来保障其合规发展，通过扶贫再贷款、支农支小再贷款等工具的正向激励作用，鼓励金融机构面向农村、面向弱势群体提供相关金融服务。农村小额信贷服务是一种被赋予扶贫目的的市场经济行为，小额信贷机构只有保持自身的盈利性，才能提供更多的优质服务与多样化的产品。税收压力使小额信贷机构无法兼顾双重目标，因此，我国政府应该给予小额信贷机构一定税收优惠，对于处于起步阶段的小额信贷机构提供适当的税收减免，等机构的发展步入成熟阶段后，再制定适合小额信贷机构可持续发展的税率，以提高机构支农惠农的积极性，将普惠金融进行到底。除了减轻税负压力，还应该放松金融管制，放宽准入限制并减少业务管制，鼓励多种机构、多种业态的小额信贷机构发展，逐步从"严准入、松监管、无退出"，过渡到"公平准入、适度监管、市场化退出"，发挥市场在资源配置中的决定性作用，使金融机构真正实现可持续发展，始终将焦点放在"三农"问题上。

第三，规范互联网发展模式。一方面，由于现金贷借款门槛较低，加上平台夸大的宣传和诱导，低收入、低学历、金融知识匮乏的弱势群体或年轻群体容易盲目借贷，从而形成大量的次级贷款。另一方面，现金贷利率较高且不透明，加重了借款人的负担。因此，快速发展的网络小贷一方面满足了部分群体正常信贷需求，另一方面也存在着较大的风险与隐患。2017年11月21日，互联网金融风险专项整治工作领导小组办公室发布《关于立即暂停批设网络小贷公司的通知》，开展针对互联网小贷的清理整顿工作。截至2017年11月21日，全国共批准了213家网络小贷牌照。为扭转不利经营现状并遏制互联网小贷的混乱无序行为，应出台相应的监管措施，着力对牌照的使用进行监管，将没有使用的牌照收回或作废，解决好有牌照不经营与无牌照违规经营的问题；统一中央与地方的批准标准，调动中央政府与地方政府的监管积极性，同时，地方政府审批应出台相应配套措施，使机构审批与监管政策出台同步，消除监管滞后，以便消除重审批轻监管的倾向，遏制互联网小贷的盲目扩张。在确保互联网小贷可持续发展的前提下，严格控制其非法牟取暴利的企图，使得小额信贷的业务和风险管理实现标准化，提高金融服务能力，突出互联网小贷的普惠性。

5.2　基于区域性差异的小额贷款公司改革绩效研究

如前面分析，小额贷款公司具有贷款手续简单快捷、经营机制灵活多样、程序方便省时等特点，对改善农村融资难、融资贵等问题，缓解农村资金短缺，加快地方经济发展以及规范民间资本市场发挥着积极作用。其已经逐步发展成为我国信贷市场不可缺少的组成部分，有效地覆盖了广大农村用户，弥补了银行等金融机构在市场投放上的盲区，完善并健全了我国金融市场供给主体。

与其他几类新型农村金融机构相比，小额贷款公司不仅产权结构清晰，政府干预较少，而且利率市场化程度较高，受市场机制约束更强，是农村金融服务创新的新动力源泉之一。但是小额贷款公司的经营模式是"只贷不存"，以"小额、流动、分散"为特点。一方面小额贷款公司承担着财务目标，实现自身经营和保持财务自给能力；另一方面具有社会责任，需要为我国经济欠发达地区的小微企业和低收入人群提供适当的信贷服务。尽管小额贷款公司有其自身的发展诉求，以市场的商业原则来运营，但小额贷款公司仍然可以实现其政策初衷，能够服务农户和小微企业。因此作为一种新型的金融发展模式，小额贷款公司不仅需要考虑到其参与度、资产收益、股权收益等情况，也要考虑到所在地区是否有小额贷款的需求以及需求程度，更要判断自身对这些地区的认可度，是否能够建立起风险控制机制等可持续性问题。

小额贷款公司双重目标的实现如果只是依靠政策扶持、社会捐献等，则可能因资金不足、流动性低下而难以发展。若小额贷款公司只是追求利润，势必会损害到低收入群体的利益，更无法实现扶贫作用。从长远来看，只有小额贷款公司的经营良好，才能更好地为"三农"服务，有效扩大受益范围和受益人数。因此关注小额贷款公司自身发展状况和经营绩效将是本节研究的重点。鉴于小额贷款公司的运营特性，采用两阶段 DEA 交叉效率模型，准确测算小额贷款公司的盈利能力和风险控制能力，比较不同阶段的效率水平，从而科学地得出小额贷款公司的经营绩效现状，并提出针对性的对策建议。

5.2.1 非参数法测度小额贷款公司效率的相关文献综述

对于小额贷款公司的研究，部分国外专家学者运用 DEA 等非参数测度效率的方法。科利尔等（Collier，2006）基于两阶段 DEA 模型研究了塞尔维亚的 18 家小额贷款公司的生产效率。恩希姆等（Nghiem，2006）运用 DEA 模型分析了越南 46 家小额贷款公司的效率，认为经营时间和所在地区对小额贷款公司有着显著的影响。艾哈迈德·卡尤姆（Qayyum A，Ahmad，2006）运用 DEA 方法研究了孟加拉国、巴基斯坦与印度三个国家的小额贷款公司的效率，认为效率不高受技术这个主要因素影响。吉蒂埃雷斯·尼托（Guitierrez-Nietoctal，2007）运用 DEA 模型研究拉丁美洲 30 个小额贷款公司的效率，认为机构类型与国别显著影响了效率水平。本·索坦·贝塞姆（Ben Soltane Bassem，2008）采用 DEA 模型分析了地中海地区 35 家小额贷款公司的效率，认为小额贷款公司的效率受到其规模影响。哈桑等（Hassan et al.，2009）使用 DEA 模型以及马尔姆奎斯特（Malmquist）方法研究了中东、南非与拉丁美洲 214 家小额贷款公司的效率，研究发现纯技术效率是影响小额贷款公司的主要因素，非正规小额贷款公司的技术效率低于正规小额贷款公司。威杰斯里等（Wijesiri et al.，2015）运用 Bootstrap-DEA 模型研究了斯里兰卡 36 家小额贷款公司的效率以及影响因素，结果发现财务效率受到经营时间的影响，并且盈利能力和机构类型也会对小额贷款公司的效率产生影响。苏莱曼·汗等（Khan Z and Sulaiman，2016）使用 DEA 模型研究了 2013 年巴基斯坦所有的小额贷款公司，研究表明，效率受到小额贷款公司的规模、年限和类型的影响。格布雷迈克尔等（Gebremichael et al.，2016）运用 SFA 方法分析了 134 家小额贷款公司在非洲 36 个国家运营的技术效率，结果显示，非洲小额贷款公司的技术效率相当低，不同所有制之间的小额贷款公司的效率不同，受机构类型的影响。威杰斯里等（Wijesiri et al.，2017）使用 DEA 两阶段数据包络分析方法，研究了年限、金融和社会小额贷款公司的效率值大小的影响，结果表明大多数小额贷款公司在社会上和经济上是低效率的，较大的小额贷款公司往往有较高的社会和经济效益，这是由于较高的规模经济的存在。一部分国外学者的研究采用两阶段 DEA 模型从小额贷款公司内部进行分析，使用不同的输入输出指标，得出更为准确的效率结果。

一些国内专家学者采用 DEA 模型并且对小额贷款公司进行了实证研究，

取得一定的研究成果。何广文和杨虎锋（2011）利用 DEA 模型分析 2010 年中国 42 家小额贷款公司的生产效率，得出了我国小额贷款公司的整体生产效率水平较高，地区差异不明显，小额贷款公司更多地处于规模报酬递增的阶段，因此适当地扩大规模有助于提升小额贷款公司的生产效率。而王苏等（2013）基于 DEA 模型研究了公益性小额贷款公司的效率，发现类型和地区会对生产效率产生差异。董晓林等（2014）采用 DEA 方法和 Tobit 模型评估江苏省的小额贷款公司的运营效率，发现资金规模对其有显著正向影响，贷款机构存在着规模效应，多元化和分散化的运营有助于效率的提高。赵雪梅（2015）基于 DEA 和 Tobit 模型对甘肃省的 137 家小额贷款公司的效率及影响因素进行了实证分析，结果显示：总体上小额贷款公司的运营效率偏低，个体的差异性较大，受地区的差异影响不大；资产规模正向影响其运营效率。徐临等（2017）基于 AHP-DEA 模型对小额贷款公司的风险评价进行研究，得出河北省各市的小额贷款公司的经营绩效与风险控制能力有关，区域差异性较大，存在着地理空间分布的异质性。冯海红（2017）基于 DEA-Tobit 两阶段模型实证发现山东省整体小额贷款公司的财务效率水平较高，财务效率差异不明显，但是社会效率的整体水平不高，分布不集中，国有集体参股有利于提高其社会效率；对于财务效率，盈利能力和区域发展水平有着显著正向影响。国内学者对于小额贷款公司的研究已经从运营效率、生产效率、技术效率、社会效率等各个角度进行分析，并且对不同地区的分析研究得出相应的结论。但是国内学者对小额贷款公司的研究主要集中于区域性研究，通过对某一区域的现状、存在的问题及改革建议的探讨，找出其共性特点来分析。由于选择的区域不同，评价体系过于简单、主观，无法对我国小额贷款公司进行整体把握。而且由于小额贷款公司全面系统的数据较为缺乏，大多数采用财务指标来衡量其效率，实际上实证研究较少。

　　综上所述，国内学者运用的方法不同，具有主观性，采用传统的 DEA 模型容易受到极端值的影响，且现阶段没有文献中是使用交叉效率的方法对我国小额贷款公司进行经营绩效研究。因此，本节在此方面做出尝试，采用两阶段 DEA 交叉效率模型优化传统 DEA 方法不足，选取 2013~2017年，所有可以获取完整数据资料的 37 家小额贷款公司作为样本数据，从盈利能力和风险控制能力两个方面进行实证研究，得出结论并提出相应的改进措施。

5.2.2 两阶段 DEA 交叉效率模型的构建

研究小额贷款公司的绩效通常有两种方法，一种是基于财务指标效率测度，这种方法运用财务指标来评价小额贷款公司的经营绩效，如体现盈利能力的指标有销售利润率和资本金利润率等。此方法操作简单、清晰易懂，但它既不能从宏观进行把握，也不能从长远进行分析，而且在指标的选择上主观性较大，评价标准不统一。另一种是前沿分析法，分为参数与非参数分析方法，其中非参数前沿分析法主要是数据包络分析法（DEA）。DEA 是指多项投入产出，利用线性规划的方法，对具有可比性的同类型单位进行相对有效性评价的一种数量分析法。

关于小额贷款公司的文献中大部分是使用 DEA 基本模型进行研究，可以解决多个投入和产出的问题，并且投入产出的指标没有限定，使用起来灵活简便。但是 DEA 模型在某些投入与产出的长处夸大，规避在另一些投入与产出的短处，从而导致了不符合实际的效率测度结果。由于 DEA 模型的数据来自有限的经验结果，因此研究结果可能会受到随机干扰项的影响，也容易受到极端值的影响。交叉效率模型可以对 DEA 模型进行优化，有效地弱化极端值。此外，DEA 模型只是简单的输入输出，而两阶段 DEA 模型充分考虑了小额贷款公司的运营模式，不仅从整体上对小额贷款公司的经营绩效进行测评，而且可以从不同阶段分析，得到更为全面的评价，更好地发现小额贷款公司的优势与不足，以此扬长避短，采取调整资产规模、改变经营策略等方式促进发展，以实现扶贫任务及自身可持续发展。因此本章采用与村镇银行同样的实证研究方法，即数据包络分析法两阶段交叉效率模型对我国小额贷款公司的经营绩效进行分析。

5.2.3 投入与产出指标体系设计

投入与产出指标的选取情况如表 5.7 所示。

参考相关文献选择的投入与产出指标，并考虑到数据的完整性与可得性，本章选取的第一阶段投入指标是注册资本、员工人数和贷款余额。考虑到小额贷款公司的经营模式是只贷不存，只能通过激活民间资本增资扩股增加注册资本，通过高频率贷款增加贷款总量，发挥小额贷款公司的贷款对农村经济

表5.7　　　　　　　　　　相关文献的投入产出指标的选取情况

已有文献	投入指标	产出指标
Qayyum，Ahmad（2006）	信贷员数、借款者平均成本	贷款余额
Guitierrez-Nieto（2007）	员工数量、操作成本	贷款余额、贷款笔数、营业收入
Ben Soltane Bassem（2008）	员工数量、总资产	存款余额、贷款余额
Nawaz（2010）	员工数量、总资产、操作成本	贷款余额、总收入
于转利和罗剑朝（2010）	总资产、贷款余额、信贷员数	贷款客户数、还款率
杨虎锋和何广文（2011）	员工数量、总资产	贷款余额、贷款笔数、营业利润

增长、农村居民人均收入增长的促进作用；员工人数和贷款余额体现了小额贷款公司的规模状况。产出指标是总收入和利润总额，此阶段分析小额贷款公司的盈利能力。第二阶段的投入指标是总收入和利润总额，产出指标是不良贷款率、拨备覆盖率、资产负债率和最大五家客户贷款比例，此阶段分析小额贷款公司的风险控制能力。两阶段指标模型如图 5.4 所示。

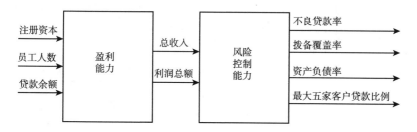

图 5.4　两阶段投入产出图解

　　本章选取 40 家在新三板做市商的小额贷款公司作为样本，其数据相对完整、真实且有效，剔除数据缺失以及已退市和停止经营的公司，共选择 2013 ~ 2017 年 37 家小额贷款公司[①]的样本数据，数据均来自 wind 数据库中各家小额贷款公司所披露的年报及财务报表。本章考虑了选择样本公司的规模、地域、国有集体参股等多方面的因素，故整体样本具有代表性。DEA 模型的投入产出要求为样本的个数是指标个数的两倍及以上，因本章选取的指标为

---

　　① 37 家小额贷款公司的简称为：棒杰小贷，宝利小贷，滨江科贷，滨江小贷，诚信小贷，东方贷款，广盛小贷，广顺小贷，国汇小贷，国鑫农贷，海博小贷，和信科贷，恒洋农贷，恒晟农贷，宏达小贷，鸿丰小贷，汇丰小贷，金长城，晶都农贷，龙腾农贷，黔中泉，日升昌，商汇小贷，泰鑫小贷，天秦股份，天元小贷，通利农贷，文广农贷，鑫盛小贷，鑫鑫农贷，鑫庄农贷，信源小贷，阳光小贷，银信农贷，兆丰小贷，正新农贷，中祥和。

9 个，样本个数为 37，符合相应的模型样本评价要求。

5.2.4 实证研究与结果分析

运用上述所建立的模型以及确定的各个指标，通过 MATLAB 软件对我国
2013～2017 年的 37 家小额贷款公司的五年样本数据进行计算，测算结果如
表 5.8 和表 5.9 所示。

表 5.8　　　　　　　　　　　2013～2015 年的效率计算值

效率值	2013 年			2014 年			2015 年		
	第一阶段	第二阶段	综合效率	第一阶段	第二阶段	综合效率	第一阶段	第二阶段	综合效率
DMU1	0.6564	0.2584	0.4768	0.6463	0.3868	0.5308	0.6320	0.3022	0.4812
DMU2	0.8155	0.2374	0.5265	0.7358	0.1568	0.4463	0.7266	0.0921	0.4094
DMU3	0.7075	0.0593	0.3927	0.8141	0.0701	0.4421	0.8060	0.0494	0.4349
DMU4	0.5165	0.1507	0.3552	0.6135	0.9127	0.7523	0.5532	0.1781	0.3875
DMU5	0.5565	0.3611	0.4778	0.5945	0.4073	0.5174	0.5188	0.2614	0.4124
DMU6	0.7424	0.8304	0.7843	0.7705	0.9364	0.8523	0.4673	0.6747	0.5542
DMU7	0.5431	0.1987	0.4035	0.7189	0.5212	0.6314	0.7462	0.4159	0.5972
DMU8	0.4651	0.2350	0.3765	0.5109	0.5298	0.5185	0.4695	0.4440	0.4599
DMU9	0.4092	0.2937	0.3692	0.4093	0.3183	0.3773	0.5328	0.1746	0.3828
DMU10	0.5028	0.4102	0.4624	0.5342	0.5279	0.5314	0.5242	0.3673	0.4589
DMU11	0.7020	0.0767	0.4239	0.8801	0.1211	0.5006	0.8381	0.0277	0.4329
DMU12	0.4468	0.1155	0.3307	0.4852	0.1137	0.3511	0.4913	0.0665	0.3327
DMU13	0.6264	0.3464	0.4977	0.4814	0.1860	0.3735	0.3883	0.1392	0.3065
DMU14	0.6489	0.1522	0.4330	0.6617	0.2171	0.4665	0.6938	0.1045	0.4312
DMU15	0.8008	0.4968	0.6488	0.5620	0.3785	0.4836	0.6936	0.1493	0.4477
DMU16	0.5022	0.1548	0.3647	0.5380	0.5310	0.5351	0.5540	0.3254	0.4578
DMU17	0.5058	0.2771	0.4159	0.6747	0.2744	0.4962	0.5452	0.6184	0.5744
DMU18	0.6107	0.1215	0.3986	0.7075	0.1280	0.4436	0.6349	0.1208	0.4170
DMU19	0.7057	0.6821	0.6939	0.5265	0.3864	0.4670	0.3965	0.1362	0.3016
DMU20	0.4480	0.5429	0.4823	0.5706	0.2685	0.4410	0.4842	0.2364	0.3897
DMU21	0.5789	0.3547	0.4772	0.5310	0.4230	0.4855	0.4736	0.2840	0.4022

续表

效率值	2013 年			2014 年			2015 年		
	第一阶段	第二阶段	综合效率	第一阶段	第二阶段	综合效率	第一阶段	第二阶段	综合效率
DMU22	0.4787	0.5727	0.5149	0.5133	0.6064	0.5515	0.5157	0.3926	0.4668
DMU23	0.8964	0.1840	0.5402	0.9008	0.2552	0.5780	0.9017	0.2019	0.5518
DMU24	0.4265	0.2304	0.3486	0.6270	0.0768	0.3711	0.5850	0.1090	0.3617
DMU25	0.5758	0.5955	0.5843	0.6342	0.6565	0.6441	0.5685	0.4018	0.4974
DMU26	0.6139	0.4795	0.5475	0.6893	0.5272	0.6083	0.6289	0.9020	0.7655
DMU27	0.6981	0.0889	0.4063	0.7042	0.1169	0.4278	0.7473	0.0599	0.4156
DMU28	0.5753	0.3374	0.4563	0.6134	0.4282	0.5208	0.8617	0.7378	0.7998
DMU29	0.4972	0.0835	0.3392	0.5357	0.1287	0.3808	0.6007	0.0975	0.3919
DMU30	0.5226	0.1112	0.3565	0.5368	0.1718	0.3946	0.5440	0.1357	0.3814
DMU31	0.0934	0.3609	0.1227	0.7859	0.0630	0.4244	0.7478	0.0464	0.4260
DMU32	0.7721	0.6368	0.7044	0.8264	0.9247	0.8755	0.8479	0.8293	0.8386
DMU33	0.5725	0.3454	0.4761	0.7308	0.4369	0.5848	0.5790	0.1279	0.3711
DMU34	0.6235	0.4190	0.5288	0.7576	0.5573	0.6574	0.7940	0.5235	0.6624
DMU35	0.4791	0.2905	0.4021	0.4692	0.3409	0.4181	0.5500	0.2218	0.4046
DMU36	0.9267	0.1593	0.5430	0.7945	0.3156	0.5551	0.8333	0.2888	0.5610
DMU37	0.6891	0.4636	0.5764	0.6960	0.6348	0.6654	0.7410	0.1848	0.4629
平均值	0.5928	0.3166	0.4659	0.6428	0.3793	0.5217	0.6275	0.2819	0.4711

表 5.9 **2016 年和 2017 年的效率计算值**

效率值	2016 年			2017 年		
	第一阶段	第二阶段	综合效率	第一阶段	第二阶段	综合效率
DMU1	0.6166	0.3592	0.5040	0.6412	0.1884	0.4413
DMU2	0.6704	0.1110	0.4242	0.7232	0.0493	0.4190
DMU3	0.8301	0.0610	0.4455	0.8349	0.0275	0.4379
DMU4	0.5871	0.2488	0.4429	0.5286	0.1969	0.3996
DMU5	0.5766	0.3653	0.4873	0.5272	0.2751	0.4304
DMU6	0.5922	0.7823	0.6770	0.2986	0.9789	0.4858
DMU7	0.7036	0.4557	0.6040	0.7154	0.3278	0.5330
DMU8	0.5666	0.3768	0.4866	0.6473	0.1901	0.4419

效率值	2016 年			2017 年		
	第一阶段	第二阶段	综合效率	第一阶段	第二阶段	综合效率
DMU9	0.4939	0.2446	0.3974	0.5490	0.1098	0.3729
DMU10	0.4876	0.5177	0.4994	0.5583	0.2912	0.4468
DMU11	0.8952	0.0213	0.4583	0.9339	0.0130	0.4734
DMU12	0.5044	0.1095	0.3334	0.5161	0.0710	0.3231
DMU13	0.4883	0.1632	0.3528	0.4506	0.1058	0.3327
DMU14	0.6441	0.1223	0.4147	0.4751	0.1477	0.3578
DMU15	0.7728	0.2119	0.5017	0.8206	0.0641	0.4423
DMU16	0.6246	0.4047	0.5271	0.6970	0.1903	0.4650
DMU17	0.5850	0.3634	0.4948	0.5289	0.1673	0.3924
DMU18	0.6169	0.1644	0.4223	0.6219	0.0675	0.3883
DMU19	0.5014	0.2469	0.4014	0.5245	0.1782	0.3877
DMU20	0.5439	0.2829	0.4381	0.5276	0.1586	0.3862
DMU21	0.4401	0.3530	0.4086	0.7455	0.1461	0.4533
DMU22	0.5174	0.5433	0.5276	0.4892	0.2801	0.4120
DMU23	0.7595	0.2301	0.5085	0.7016	0.1050	0.4352
DMU24	0.6724	0.1984	0.4510	0.5039	0.0279	0.3196
DMU25	0.4804	0.9523	0.6584	0.5897	0.2871	0.4632
DMU26	0.6097	0.5564	0.5831	0.4401	0.4374	0.4391
DMU27	0.8195	0.0897	0.4546	0.8300	0.0574	0.4437
DMU28	0.8948	0.7946	0.8447	0.5959	0.1114	0.3896
DMU29	0.5370	0.1532	0.3874	0.5265	0.1043	0.3667
DMU30	0.6508	0.1691	0.4371	0.6648	0.0803	0.4071
DMU31	0.7493	0.0518	0.4161	0.8682	0.0306	0.4494
DMU32	0.8761	0.9499	0.9130	0.9924	0.5563	0.7744
DMU33	0.5984	0.1554	0.4046	0.5655	0.1238	0.3750
DMU34	0.9517	0.5268	0.7567	0.4503	0.6706	0.5604
DMU35	0.7055	0.2649	0.4852	0.6157	0.1733	0.4150
DMU36	0.6809	0.3532	0.5170	0.6242	0.0830	0.3974
DMU37	0.7579	0.2596	0.5147	0.8918	0.3406	0.6222
平均值	0.6487	0.3301	0.5022	0.6274	0.2004	0.4346

由表5.10中各小额贷款公司2013~2017年的效率值得出以下分析结论。

表5.10 **2013~2017年的平均效率计算值**

阶段	2013年	2014年	2015年	2016年	2017年	平均值
第一阶段	0.5928	0.6428	0.6275	0.6487	0.6274	0.6278
第二阶段	0.3166	0.3793	0.2819	0.3301	0.2004	0.3017
综合	0.4659	0.5217	0.4711	0.5022	0.4346	0.4791

（1）总体来看我国小额贷款公司综合效率值在这五年中均处于偏低水平，平均综合交叉效率值为0.4791，我国小额贷款公司的总体绩效水平较差，仍有近50%的提升空间，经营形势严峻不容乐观，自身发展状况不佳。从各个子阶段效率值来看，五年来第一阶段的效率平均值是0.6278，第二个阶段的效率平均值是0.3017，显然第一阶段相较于第二阶段的效率平均值高，表明我国小额贷款公司的盈利能力较强，风险控制能力较弱。这是由于我国小额贷款公司面临风险较高，风险事件现象频发且难以控制，导致小额贷款公司的风险控制能力不尽如人意。由于贷款人大多数是因缺乏抵押担保而不能从正规银行金融机构获得贷款的客户或企业，具有高度不稳定性，偿债能力及还款意愿不高，使得小额贷款公司的风险控制面临严峻的挑战，不能有效控制和处置风险，缺乏对资源的有效利用。

（2）小额贷款公司发起设立的主体以民营企业为主，发展呈现出城镇化倾向，偏远落后地区则相对较少。比较公司所在地在城市还是县域的小额贷款公司，如图5.5所示，结果发现，第一阶段注册地在市区的小额贷款公司比县域的低，表明盈利能力较差。原因是政府对农村地区的扶持力度加大，影响在市区的小额贷款公司盈利，以及受到市区其他金融机构的竞争。第二阶段注册地在市区的小额贷款公司反而高于县域，则风险控制能力较好。由于县域的经济发展水平偏低，小额贷款公司的服务理念未深入人心，易在风险控制方面发展扭曲，致使小额贷款公司出现道德风险，或导致还款率低下、呆账坏账出现。

（3）小额贷款公司的资金来源主要是个人资本、民营资本或国有集体资本，其中国有集体资本对于小额贷款公司的经营绩效可能会产生影响。首先观察效率优势趋势图（如图5.6所示），综合来看，国有集体参股的小额贷款公司的经营绩效相对于无国有集体参股的来说具有优势，有利于提高小额

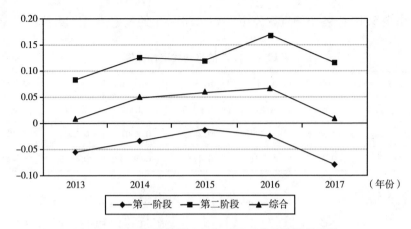

图 5.5　市区小额贷款公司相对县域的效率优势趋势

贷款公司的经营绩效。其次从两个阶段的效率值分别来看，在第一阶段，国有集体资本参股的小额贷款公司的盈利能力呈显著优势；在第二阶段，国有集体资本参股的小额贷款公司风险控制能力较弱。这是因为母公司的利益输送实现了表面上的盈余，例如实现了成本转移，由母公司来承担小额贷款公司管理费用或给予低成本的借入资金支持，或者进行业务输送，即利用母公司的部分优质客户或优质业务。从目前情况来看，小额贷款公司都更多地依托于母公司的经营模式与业务，所以国有集体资本的参股影响了小额贷款公司的经营绩效。

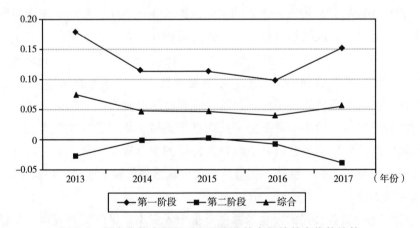

图 5.6　国有集体参股相对无国有集体参股的效率优势趋势

（4）从图 5.7 中的效率优势来看，东部小额贷款公司与中西部小额贷款公司具有显著特征。无论是综合交叉效率值显示，还是两个阶段子效率趋势显示，中西部小额贷款公司的经营绩效优于东部。表明东部地区虽然发展迅速，使得小额贷款公司的竞争越来越激烈，并且出现了同质化竞争的现象，因此东部小额贷款公司实现自身可持续发展仍需进一步突破自身因素的限制。同时表明由于国家的大力支持，服务于中西部地区的小额贷款公司的发展有利于社会责任的实现，更好地实现自身的定位，实现良好发展。

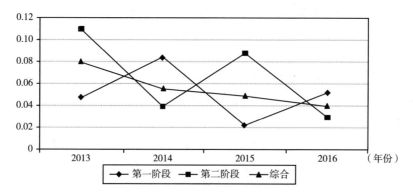

图 5.7　中西部小额贷款公司相对东部的效率优势趋势

5.2.5　研究结论与对策建议

基于我国 37 家小额贷款公司 2013～2017 年样本数据进行研究，采用两阶段 DEA 交叉效率模型分析其经营绩效，比较其盈利能力和风险控制能力，从是否设址在市区、是否国有集体参股和建立在东部还是中西部这三个方面进行分析，得出以下结论：（1）在 2013～2017 年这五年时间里，可以发现我国小额贷款公司总体的经营绩效处于偏低水平，效率值不高。尽管我国小额贷款公司的盈利能力较强，但风险控制能力极差，导致整体发展不佳，说明小额贷款公司发展道路仍是艰难曲折的。（2）市区的小额贷款公司的盈利能力略低于县域，而风险控制能力高于县域，地区经济发展水平会影响小额贷款公司的经营绩效。（3）国有集体参股的小额贷款公司的经营绩效相对于无国有集体参股的要好，突出表现在盈利能力上。（4）设址在中西部地区的小额贷款公司无论是整体上的综合效率，还是盈利能力与风险控制能力阶段效率都明显优于设址在东部地区的小额贷款公司，表现具有良好的经营绩效。

对此，本章分别从盈利能力与风险控制能力两个方面提出建议。

在盈利能力方面，第一，小额贷款公司应合理运用和组织社会力量，拓宽融资渠道，增大资金支持力度，提高资产负债率，减轻其融资压力。第二，政府应对小额贷款公司实施相应扶持政策并完善其评级体系。由于小额贷款公司光靠自身建设是不够的，因此政府应制定贷款利率补贴政策，根据征信系统提供税收优惠政策或奖励政策，保证小额贷款公司盈利能力与发展积极性。第三，鼓励国有集体资本积极参股。提升小额贷款公司的资源利用率，优化资产结构，使其产权多元化，并依靠国有集体资本参股降低经营成本和股权集中度，提高整体经营效率。

在风险控制方面，第一，小额贷款公司建立健全风险管理机制。在业务上应控制单笔贷款规模，防止贷款集中度过高。第二，明确监管主体，完善监管制度。确定以银保监会为主体、结合相关部门的监管制度，有利于监管机构对小额贷款公司业务进行检查，严格控制经营风险。

小额贷款公司的发展需要与所在区域的客户组织形式相适应，能够提供相应的信贷服务于不同需求的低收入群体和小微企业，实现小额贷款公司自身财务自立，完善农村金融体系构建，使农村经济健康发展。

5.3 天津市西青区小额贷款公司问卷调查报告

小额贷款公司作为农村金融和小企业、微小企业融资的一股力量，刚刚萌生，为了切实贯彻落实科学发展观、解放思想、深化投融资体制改革，积极探索破解"三农"及小企业融资难题，正确引导、积极规范民间融资，完善西青区城乡金融服务体系，更好地支持"三农"，促进区域经济又好又快发展，本课题组于 2017 年 8 月 7 日至 8 月 10 日通过对西青区六家小额贷款公司走访调研，了解到其这段时间经营情况，做出以下报告，力求在客观分析对于小额贷款资金供给与需求现状的前提下，继续推动该区小额贷款工作，壮大针对"三农"与小企业、微小企业的资金供给。表 5.11 为六家小额贷款公司的基本信息情况。

5.3.1 西青区小额贷款公司发展现状

2005 年 5 月，我国开始在五个省份开展商业性小额贷款公司的试点工作，

表 5.11　　　　　　　　　**天津市西青区小额贷款公司基本信息**

序号	企业名称	注册地址	经营地址	注册资本（万元）
1	天津赛达小额贷款股份有限公司	西青经济开发区兴华七支路 8 号 511A 室	西青经济开发区兴华道 2 号	20000
2	天津方正创业小额贷款有限公司	西青区友谊南路延长线洛卡小镇 32 号楼	西青区友谊南路延长线洛卡小镇 32 号楼	10000
3	天津银盛小额贷款有限公司	西青区李七庄街秀川路 10 号	天津市河西区越秀路银河大厦 2201 – 02	15000
4	天津邦信小额贷款有限责任公司	西青汽车工业区中北科技产业园 14 – 1 号楼 106 室	天津市和平区香港路 9 号	20000
5	天津信诚通小额贷款有限公司	天津市西青区大寺镇王村金龙道 1 号	天津市西青区大寺镇王村金龙道 1 号	10000
6	天津祥源小额贷款有限公司	天津市西青区李七庄街秀川路 10 号主楼六楼 A 区 609	天津市西青区李七庄街秀川路 10 号主楼六楼 A 区 609	10000

成立的小额贷款公司以服务"三农"为重点，为农户、个体经营者和小微企业提供小额贷款。经过十几年的发展，小额贷款公司进行了许多探索。我们调研的天津市西青区小额贷款公司与全国大多数小额贷款公司一样，最开始尝试信用贷款，坚持"小额、分散"的原则，服务于难以向正规金融机构贷款的农户和小微企业，但由于农村信用体系较差且农户的抗风险能力较弱，同时也面临着催收难、催收成本高等问题，导致小额贷款公司难以继续小额信用贷款业务，开始纷纷尝试质押、抵押、联保互保业务以求降低风险。例如天津市邦信小额贷款有限责任公司，现在主要业务为房产抵押，先使用公司的数据库核算房产的价值，使用公司研发的模型去核算抵押率，再进行实地调查，看房屋是否出租、房屋是否是毛坯房等，然后再对房屋的价值与抵押率进行调整。因为对于天津地区来说，房产价值较高，以房产作为抵押不容易产生不良贷款，虽然房产抵押贷款利率较低，只有 14% ~ 15%，但风险较低，所以天津邦信小额贷款有限责任公司开展的房产抵押业务至今没有逾期、没有不良。而天津赛达小额贷款股份有限公司为了规避风险转向对公司开展贷款业务，只针对企业，客户群固定，几乎不存在不良贷款。其他四家公司也对贷款客户、贷款业务等作了相应调整，以求将风险降到最低，谋求公司的可持续发展。

5.3.2 西青区小额贷款公司改革中存在的问题

5.3.2.1 资金来源渠道单一

资金充足是微型金融机构持续发展的重要保证，然而小额贷款公司属于"只贷不存"的金融机构，无法吸纳公众存款，其资金主要来源为股东缴纳的资本金和捐赠资金，容易受到参股公司和银行机构的制约。并且由于向银行贷款属于一般商业信贷业务，融资成本较高，小额贷款公司也很难从银行获得贷款，极大地限制了小额贷款公司发挥作用。

5.3.2.2 业务开展风险较高

（1）小额贷款公司的宗旨是服务于农民，而农民的文化程度偏低，信用意识较差，他们对小额贷款的认识存在误区，他们认为小额贷款属于政府的帮扶行为，可以不按时还甚至不还，也有部分农民将贷款用于其他用途，这些都加大了业务开展的风险。目前，我国小额贷款公司仍被排除在征信系统之外，受限于薄弱的农村征信体系，无法了解详细的企业与个人的信用信息，这严重影响了小额贷款公司进行信用评估，大大加大了信贷风险。

（2）由于管理机制不健全，导致许多小额贷款公司内部风险增大，虽然小额贷款公司的数量在逐年增加，但由于缺乏有效的监管，加上资本的逐利性，导致许多小额贷款公司的质量参差不齐。有些公司组织结构不健全，董事会、股东大会、监事会形同虚设，没有完善的内部治理机制，都导致小额贷款公司内部风险不断增加。

（3）征信缺位风险难控。由于小额贷款公司争取的多是一些银行不愿提供相关业务的客户，通过信用担保、房产再抵押等创新方式进行交易，潜在的坏账风险要高得多。加之征信体系的缺位，小额贷款公司在规避风险方面自身也有着"先天不足"，由于不属于金融机构，故还未加入人民银行企业征信系统，小额贷款公司无法获得申请贷款企业以往的诚信记录。因此每做一笔业务，小额贷款公司都要多花很多精力，对客户的社会背景等详加调查。这在很大程度上加大了公司风险控制的难度。

5.3.3　西青区小额贷款公司改革发展对策建议

5.3.3.1　实施分类监管，建立竞争机制

人民银行和银保监会应该尽快建立适合我国小额信贷健康可持续发展的法律框架和监管体系，对于身份特殊的小额贷款公司，监管部门应尽快明确其合法身份，将其纳入统一的金融监管，采用放宽准入标准、严格监管的审慎性原则，以法律制度来保障其合规发展，利用金率、扶贫再贷款、支农支小再贷款等工具的正向激励作用，鼓励金融机构面向农村、面向弱势群体，引导更多的金融机构投身小额信贷业务和普惠金融事业（陈雨露、马勇，2012）。只有逐步完善法律制度，积极防范金融风险，建立适应我国国情的监管体系，才能确保小额信贷的健康发展。法律的完善有利于建立市场竞争机制，如果想要提高农村金融市场活力，就要大胆开放农村金融市场，充分地利用竞争打破垄断，市场竞争机制可以促进市场的完善、提高分配效率，竞争的压力有利于提供小额贷款的金融机构提供更优质的服务和更多样化的产品，同时保持自身的盈利性。

5.3.3.2　放松金融管制，完善利率定价机制

放松金融管制有利于发挥市场在资源配置中的决定性作用，提高金融业的决策能力并激发生产要素的活力。为了构建多层次竞争性的农村金融市场，必须放宽准入限制，减少业务管制，降低准入门槛，鼓励多种机构、多种业态的微型金融组织发展，逐步从"严准入、松监管、无退出"过渡到"公平准入、适度监管、市场化退出"，管制较多使微型金融机构经营水平较低，业务范围狭窄，利润来源单一，无法形成竞争优势。农村地区特殊的金融环境使小额信贷发展困难，运营成本较高且风险较大。事实证明，较低的利率使社会资金不愿进入农村金融市场，无法让农民真正受益，金融机构也没有利润空间；只有较高的利率定价才能维系其可持续发展，这就需要逐步完善金融机构的利率定价机制，引导金融机构按贷款保证方式、用途和借款人的信用等科学地确定贷款利率，确保利率不仅能维持自身的持续发展，还能助力解决"三农"问题。农村小额信贷服务是一种市场经济行为，只有盈利才能健康地、持续地发展下去，因此，适宜的利率定价机制有利于微型金融机

构的良性循环。

5.3.3.3 完善信用评级，加强风险管理

由于农民缺少信用记录、抵押物和担保，导致微型金融在农村的发展遇到了很大的风险。为解决这种信息不对称问题或信息缺失问题，应尽快完善信用体系建设，不断强化市场经济的法律约束，尽快将小额贷款公司纳入人民银行征信平台，降低贷款风险。同时在农村普及信用知识，帮助农民增强信用意识，降低或取消失信农户的授信资格，激励守信行为，惩戒失信行为，依靠公检法部门打击欠贷不还行为，以降低客户违约风险，遏制农村信用环境的恶化，维护小额信贷的良好秩序，为微型金融创造良好的信用环境。为降低风险，还可以引入涉农保险，开展"小额贷款 + 小额保险"业务，分散因自然、生产过程的不确定引发的风险，在发生自然灾害或意外事故后，由保险公司提供一部分经济补偿，分散涉农贷款的风险，形成农户与农村信贷市场的良性互动，推动小额信贷可持续发展。

附录 1 邦信小额贷款公司问卷调查表①

1. 资产规模、负债规模、净利润水平？

2. 公司有多少员工？

3. 公司的业务规模有多大？即贷款余额？

以上三个问题在公司提供的报表中有具体数据。

4. 资金来源？自有资金还是银行贷款，及其他来源？各自占比多少？

资金主要来源于股东资金，并以净资产的 1.5 倍杠杆进行融资。发债小额公司一般做不到，基本是从银行贷款，成本较低，使得在发放贷款时有成本优势。

5. 股东结构，前十大股东。

天津邦信小额贷款公司是东方资产的全资子公司，是全国规模较大、业务较正规的小额贷款公司。其他分公司可能因为各地的政策限制而不是东方资产的全资子公司，但东方资产也是绝对控股方。

6. 业务种类有哪些？

现在主要做房产抵押。

7. 针对的客户群体是哪些？

主要针对贷款额在 100 万元以内，甚至是 3、5 万元的小微客户。因为近几年开展房产抵押项目，贷款金额相对大一些。

8. 客户借款主要用途是什么？占比多少？

买房子或者其他风险较小的事情，因为在天津、北京地区来说，房子的金额较大，以房产进行抵押的借款人不会从事风险较高的事。

9. 借款期限主要是多长时间？

天津金融办规定不得超过两年，所以房产抵押贷款期限较短。其他地区，

---

① 附录 1、附录 2 中部分问题不便于回答，故未有相应答案。

房产抵押 5 ~ 10 年都比较正常。

10. 还款方式是像按揭一样等额还款，还是先还利息再还本金。

11. 一笔业务的最大贷款额是多少？最长贷款期限是多久？

以前的数额比较大，最大的有两三千万元，现在做房产抵押数额较小，最大一笔是 700 万元。一般房产都是 7 折，价值越高，抵押率越低。

12. 有无一笔贷款数额过大而拆成若干小贷款的情形？

没有。

13. 什么样的客户可以贷款？最低门槛是多少？

需要有房产进行抵押。

14. 不良贷款余额是多少？不良率是多少？

因为房产抵押风险低，在控制抵押率的情况下，目前公司不良率是 0，逾期率也是 0。

15. 利润率是多少？能否覆盖不良贷款的产生？

开始做房产抵押以后没有不良贷款。

16. 如何控制业务风险？主要手段有哪些？抵押物是否充足易变现？

在公司最开始做小额贷款时，也走过弯路，一笔贷款就两三千万元，风险较大，后来慢慢恢复到做农户信用贷款，一笔 1、2 万元左右，但由于农村信用体系不健全并且农户的抗风险能力不强，导致在农村开展信用贷款风险很高，于是现在转型做房产抵押贷款，降低了业务风险。上半年还做二次抵押业务，为了控制风险现在不做二次抵押业务了。价值过高的房产不易变现，价值中等地段好的房产变现能力最强，能得到的抵押率也较高。

17. 风险控制部门的主要风控手段是什么？是否分析过主要业务特征及不良客户特征？

最开始做类银行业务时，风险控制部门主要看报表、做项目调查。转向信用贷款以后，开始看 ipc 技术，查流水，月可支、交叉验证。现在做房产抵押，公司有自己的数据库，核算房产的价值，使用研发的模型去核算抵押率，再进行实地调查，看房屋是否出租，看房屋是否是毛坯房等，然后再对房屋的价值与抵押率进行调整。

18. 客户逾期不还时，怎样追缴贷款？

以前有逾期不还的，进行催收，一趟一趟地去找他。尝试过走法律程序，但是时间长，也没有意义，很难得到执行，大部分借款人到这一步都不再具有偿还能力。

19. 公司是否对客户的贷款情况进行评分（形成类似于征信报告的材料）？

征信报告是必须要看的，开始业务首先就要去人民银行打征信报告。

20. 公司是否有客户黑名单的材料？

所有的搞贷款的都想建立黑名单，但是建不了，因为没有办法共享信息。只能以征信报告为主，如果个人征信报告很烂，也相当于一种黑名单。一般的小额贷款公司都是要求连三累十，即连续三个月逾期或者累计 10 次逾期。

21. 公司的电子化程度如何？业务操作系统是自身研发还是对外购买？

所有的业务都是用总部的系统，网上的资料作为一手资料，然后定期打印出来归档保管。我们公司也有一个互联网平台——东方汇，现在不太看好 P2P 业务，因为风险不好控制。

22. 公司是否是无现金运营？即放款和还款通过转账，而不是柜台现金交易？

都是转账。

23. 公司是否有固定的合作银行托收，即协助公司放出和收回贷款？哪家银行？

对于具体与哪一家银行合作没有明确的指定，但是与中国银行合作得更多一些。

24. 客户信息保护方面做了哪些工作？与员工是否签署了保密协议？怎么有效追债？

公司要求对客户信息进行保密，因为对于公司来说，客户信息是一种资源。现在做的房产抵押业务主要就是拍卖房产。

25. 您如何看待小贷行业发展前景？有何优势，劣势，发展障碍？

小贷行业很早就存在，作为正规金融的一种补充，现在需要一些创新，结合互联网金融，但新兴的互联网金融抗风险能力较低，主要还是传统金融的互联网化。

26. 贵公司自身优势和特色有哪些？

所有的优势与生俱来地伴随着劣势，我们的优势主要是央企背景、东方资产的全资子公司，相对来说投资成本低、融资便利、抗风险能力强，但也有央企通病，灵活性差、需要创新、需要多样化的管理。

27. 贵公司是否开展了类似于创业贷款的业务，对"大众创业，万众创新"的支持体现在哪些方面？

没有开展类似业务，风险太高，因为创业贷款的借款人偿还能力差。

28. 为了公司更好的发展，需要监管机构哪些支持？有何合理建议？

必要的监管不能少，但是需要一些灵活性，比如授信问题，房产抵押贷款做两年太短了。总公司要求做债券转让，但金融办有要求不能做债券转让。小额行业相对边缘，监管不够明确，多方监管。

29. 能否提供公司近期的年度运行报告？

附录 2　赛达小额贷款公司问卷调查表

1. 资产规模、负债规模、净利润水平？

2. 公司有多少员工？

3. 公司的业务规模有多大？即贷款余额？

以上三个问题在公司提供的报表中有具体数据。

4. 资金来源？自有资金还是银行贷款，及其他来源？各自占比多少？

资金全部来自股东；不允许吸收存款，没有发债，可以银行贷款，但是较难。

5. 股东结构，前十大股东？

6. 业务种类有哪些？

较单一，为企业提供贷款。

7. 针对的客户群体是哪些？

企业（信用贷款、担保）。

8. 客户借款主要用途是什么？占比多少？

全部用于流动基金。

9. 借款期限主要是多长时间？

大部分期限为一年。

10. 还款方式是像按揭一样等额还款，还是先还利息再还本金？

季度还息，到期偿还本金（与企业在银行贷款一样）。

11. 一笔业务的最大款额是多少？最长贷款期限是多久？

2000 万元一笔，不能超过注册资本的 10%。

12. 有无一笔贷款数额过大而拆成若干小贷款的情形？

没有。

13. 什么样的客户可以贷款？最低门槛是多少？

不对个人贷款（因企业信用好，有抵押，担保）。

14. 不良贷款余额是多少？不良率是多少？

无。

15. 利润率是多少？能否覆盖不良贷款的产生？

0.9~4倍；几乎无不良贷款。

16. 如何控制业务风险？主要手段有哪些？抵押物是否充足易变现？

按规定提坏账准备金（贷款余额1%）、对于新客户审贷委（由股东组成）有一票否决权。

17. 风险控制部门的主要风控手段是什么？是否分析过主要业务特征及不良客户特征？

18. 客户逾期不还时，怎样追缴贷款？

没有逾期不还的情况。

19. 公司是否对客户的贷款情况进行评分（形成类似于征信报告的材料）？

面对新客户第一项打征信报告，根据财务报表分析其还款能力、经营能力等情况，类似银行。

20. 公司是否有客户黑名单的材料？

没有，与客户之间长期合作，11个客户，定期收息，经营方式较简单。

21. 公司的电子化程度如何？业务操作系统是自身研发还是对外购买？

对外购买。

22. 公司是否是无现金运营？即放款和还款通过转账，而不是柜台现金交易？

是。

23. 公司是否有固定的合作银行托收，即协助公司放出和收回贷款？哪家银行？

无。

24. 客户信息保护方面做了哪些工作？与员工是否签署了保密协议？怎么有效追债？

没有提及。

25. 您如何看待小贷行业发展前景？有何优势，劣势，发展障碍？

企业自身的发展。

26. 贵公司自身优势和特色有哪些？

只针对企业，客户群固定，几乎不存在不良贷款。

27. 贵公司是否开展了类似于创业贷款的业务，对"大众创业，万众创新"的支持体现在哪些方面？

无。

28. 为了公司更好的发展，需要监管机构哪些支持？有何合理建议？

无。

29. 能否提供公司近期的年度运行报告？

参 考 文 献

[1] 毕功兵，梁樑，杨锋. 两阶段生产系统的 DEA 效率评价模型 [J]. 中国管理科学，2007（2）：92-96.

[2] 蔡则祥，刘骅. 农村新型金融机构运行绩效集成评价——基于江苏省的实证分析 [J]. 审计与经济研究，2013，28（2）：89-96.

[3] 柴瑞娟. 村镇银行生存困境与法律制度修正 [J]. 云南财经大学学报（社会科学版），2012（3）：142-147.

[4] 常坤. 农村商业银行经营战略转型观点综述 [J]. 湖北农村金融研究，2012（1）：65-69.

[5] 陈锡文. 资源配置与中国农村发展 [J]. 中国农村经济，2004（1）：4-9.

[6] 陈银娥，王毓槐. 微型金融与贫困农民收入增长——基于社会资本视角的实证分析 [J]. 福建论坛（人文社会科学版），2012（2）：12-17.

[7] 陈莹. 我国商业银行经营绩效的比较与驱动因素分析 [J]. 金融论坛，2008（10）：47-51.

[8] 程恩江，刘西川. 小额信贷缓解农户正规信贷配给了吗？——来自三个非政府小额信贷项目区的经验证据 [J]. 金融研究，2010（12）：190-206.

[9] 程昆，吴倩，储昭东. 略论我国村镇银行市场定位及发展 [J]. 经济问题，2009（2）：97-99.

[10] 迟国泰，孙秀峰，芦丹. 中国商业银行成本效率实证研究 [J]. 经济研究，2005（6）：104-114.

[11] 褚保金，陈涤非. 我国农村商业银行改革的几个问题 [J]. 社会科学，2003（4）：97-102.

[12] 丁志国，张洋，高启然. 基于区域经济差异的影响农村经济发展的农村金融因素识别 [J]. 中国农村经济，2014（3）：4-13+26.

[13] 董晓林，高瑾. 小额贷款公司的运营效率及其影响因素——基于江苏 227 家农村小额贷款公司的实证分析 [J]. 审计与经济研究，2014，29 (1)：95 – 102.

[14] 杜晓山. 试论建立以扶贫为宗旨的乡村金融组织 [J]. 农村经济与社会，1993 (2)：34 – 40.

[15] 杜晓山. 我国村镇银行发展报告.2017：建设智慧型社区微银行 [M]. 北京：中国社会科学出版社，2017.

[16] 冯海红. 小额贷款公司财务效率和社会效率及其影响因素——基于 DEA-Tobit 两阶段法的实证分析 [J]. 财经理论与实践，2017，38 (3)：33 – 38.

[17] 傅勇，邱兆祥，王修华. 我国中小银行经营绩效及其影响因素研究 [J]. 国际金融研究，2011 (12)：80 – 87.

[18] 高芳. 全球农业市场化背景下中国农业的现状、机遇和挑战 [J]. 世界农业，2013 (9)：173 – 176.

[19] 高宏霞，伏倚天. 基于 DEA 方法的村镇银行效率评价——以甘肃省首批试点村镇银行为例 [J]. 财会研究，2016 (6)：76 – 80.

[20] 高凌云，刘钟钦. 对村镇银行信用风险防范的思考 [J]. 农业经济，2008 (5)：85 – 86.

[21] 高晓燕，孙晓靓. 我国村镇银行可持续发展研究 [J]. 财经问题研究，2011 (6)：96 – 100.

[22] 葛敏，许长新. 我国上市银行经营绩效的经济动态分析 [J]. 金融论坛，2006，11 (6)：14 – 19.

[23] 葛永波，赵国庆，王鸿哲. 村镇银行经营绩效影响因素研究——基于山东省的调研数据 [J]. 农业经济问题，2015，36 (9)：79 – 88.

[24] 葛永波，周倬君，马云倩. 新型农村金融机构可持续发展的影响因素与对策透视 [J]. 农业经济问题，2011 (12)：48 – 54.

[25] 苟有浩，许承明. 基于 DEA 模型的我国城市商业银行效率动态研究 [J]. 南京财经大学学报，2010 (2)：15 – 22.

[26] 韩俊等. 中国农村金融现状调查及其政策建议 [J]. 改革.2007 (1)：5 – 14.

[27] 何广文，冯兴元，李莉莉. 农村信用社制度创新模式评析 [J]. 中国农村经济，2003 (10)：37 – 43.

[28] 何广文, 李莉莉. 大型商业银行的小额信贷之路——兼论与新型农村金融机构间的合作机制 [J]. 农村金融研究, 2011 (5): 21 – 26.

[29] 何广文, 杨虎锋, 张群, 谢昊男, 宋冀宏. 小额贷款公司的政策初衷及其绩效探讨——基于山西永济富平小额贷款公司案例的分析 [J]. 金融理论与实践, 2012 (1): 4 – 10.

[30] 何广文. 中国农村金融转型与金融机构多元化 [J]. 中国农村观察, 2004 (2): 12 – 20.

[31] 何广文. 中国农村金融组织体系创新路径探讨 [J]. 金融与经济, 2007 (8): 11 – 16 + 22.

[32] 洪正. 新型农村金融机构改革可行吗?——基于监督效率视角的分析 [J]. 经济研究, 2011, 46 (2): 44 – 58.

[33] 胡竹枝, 黄怡聪, 区凯瑶. 基于 DEA 模型的我国村镇银行效率研究 [J]. 经济体制改革, 2015 (2): 97 – 102.

[34] 胡宗义, 罗柳丹. 小额信贷缓减农村贫困的效用研究——基于面板模型的分析 [J]. 财经理论与实践, 2016, 37 (3): 10 – 15.

[35] 黄薇. 中国保险机构资金运用效率研究: 基于资源型两阶段 DEA 模型 [J]. 经济研究, 2009, 44 (8): 37 – 49.

[36] 黄祖辉, 傅琳琳, 李海涛. 我国农业供给侧结构调整: 历史回顾、问题实质与改革重点 [J]. 南京农业大学学报, 2016 (6): 1 – 5.

[37] 蒋玉敏. 村镇银行风险管理现状、问题与对策——以浙江长兴联合村镇银行为例 [J]. 浙江金融, 2011 (5): 43 – 46.

[38] 解运亮, 刘磊. 中国农村金融发展的区域差异及其成因分析 [J]. 经济问题探索, 2013 (6): 79 – 85.

[39] 金鑫. 对萨伊定律的解读 [J]. 中央财经大学大学学报, 2016 (5): 90 – 96.

[40] 津南区统计局. 2015 津南区国民经济与社会发展统计公报 [EB/OL]. 津南区统计局官网, 2016.5.10.

[41] 黎翠梅, 曹建珍. 中国农村金融效率区域差异的动态分析与综合评价 [J]. 农业技术经济, 2012 (3): 4 – 12.

[42] 李春好, 苏航, 佟轶杰, 孙永河. 基于理想决策单元参照求解策略的 DEA 交叉效率评价模型 [J]. 中国管理科学, 2015, 23 (2): 116 – 122.

[43] 李红玉, 熊德平, 陆智强. 村镇银行主发起行控股: 模式选择与

发展比较——基于中国899家村镇银行的经验证据 [J]. 农业经济问题, 2017, 38 (3): 72 – 79 + 111.

[44] 李鸿建. 村镇银行: 生存困境和制度重构——基于对全国3家村镇银行的调查 [J]. 武汉金融, 2010 (3): 59 – 61.

[45] 李景波, 胡德胜. 论我国村镇银行的市场定位及政策支持 [J]. 商业经济研究, 2010 (12): 62 – 63.

[46] 李莉莉. 关于村镇银行的制度设计与思考 [J]. 金融理论与实践, 2007 (7): 19 – 22.

[47] 李木祥等. 中国村镇银行可持续发展机制研究 [M]. 北京: 中国金融出版社, 2013: 49 – 97.

[48] 李树生. 我国农村商业银行面临的挑战与对策 [J]. 银行家, 2010 (11): 108 – 109.

[49] 李小鹤. 农村金融组织运行效率比较: 地下钱庄、小贷公司与村镇银行 [J]. 改革, 2013 (4): 57 – 65.

[50] 李延春, 杨海芬, 赵邦宏. 基于 DEA 方法的村镇银行效率评价指标体系构建 [J]. 西南金融, 2012 (7): 28 – 30.

[51] 李玉, 王吉恒, 张瑜. 构建村镇银行与农村中小企业和谐共生关系的思考——基于美国社区银行的经验 [J]. 世界农业, 2013 (4): 27 – 30 + 158.

[52] 刘瑞翔, 吕大雪, 骆依. 不良贷款约束下我国商业银行效率的测评——基于两阶段 DEA 模型的分析 [J]. 南京审计大学学报, 2016, 13 (6): 41 – 50.

[53] 刘思峰, 党耀国, 方志耕等灰色系统理论及其应用 [M]. 北京: 科学出版社, 2011.

[54] 柳松, 林贤明. 软信息·核心竞争优势与私法关系型借贷——以村镇银行为例 [J]. 安徽农业科学, 2011 (10): 17726 – 17727.

[55] 卢亚娟, 孟德锋. 民间资本进入农村金融服务业的目标权衡——基于小额贷款公司的实证研究 [J]. 金融研究, 2012 (3): 68 – 80.

[56] 鲁靖文, 刘轩宇. 城市商业银行财务绩效模糊聚类分析 [J]. 财会月刊, 2013 (3): 37 – 40.

[57] 陆磊. 以行政资源和市场资源重塑三层次农村金融服务体系 [J]. 金融研究, 2003 (6): 106 – 114.

［58］陆智强．基于机构观与功能观融合视角下的村镇银行制度分析——以辽宁省 30 家村镇银行的调查为例［J］．农业经济问题，2015，36（1）：101 – 106 + 112.

［59］陆智强，熊德平．金融发展水平、大股东持股比例与村镇银行投入资本［J］．中国农村经济，2015（3）：68 – 83.

［60］秦汉锋．村镇银行制度创新、环境约束及其演进［J］．武汉金融，2008（5）：38 – 41.

［61］秦涛．城市商业银行定位探究［J］．现代经济信息，2015（2）：294 – 295.

［62］冉光和．中国农村金融产业化发展问题研究［J］．农业经济问题，1995（12）：2 – 6.

［63］任常青．市场定位决定村镇银行的可持续性［J］．中国金融，2011（2）：57 – 59.

［64］阮勇．村镇银行发展的制约因素及改善建议——从村镇银行在农村金融市场中的定位入手［J］．农村经济，2009（1）：55 – 57.

［65］宋洪远．关于农业供给侧结构性改革若干问题的思考和建议［J］．中国农村经济，2016（10）：18 – 21.

［66］苏航．DEA 交叉效率评价模型研究［D］．长春吉林大学，2013.

［67］孙慧霞．试析我国农村商业银行可持续发展面临的问题及解决对策［J］．经济师，2011（1）：52 – 58.

［68］孙雪梅，李鸿建．我国村镇银行发展的个案研究［J］．经济纵横，2009（7）：58 – 60.

［69］孙玉荣，左婷婷．我国商业银行经营绩效影响因素实证研究［J］．西南金融，2012（3）：86 – 89.

［70］滕静涛．转型期的城市商业银行市场定位分析［J］．金融经济，2014（12）：20 – 22.

［71］天津市统计局．2015 天津市统计年鉴［M］．北京：中国统计出版社，2016：10 – 12.

［72］天津市统计局．创新发展，实现良好开局——2016 年天津经济分析［OL］．天津市统计局官网，2017.3.2.

［73］田剑英，黄春旭．民间资本金融深化与农村经济发展的实证研究——基于浙江省小额贷款公司的试点［J］．管理世界，2013（8）：167 – 168.

[74] 田杰，刘勇，陶建平．社会经济特征、竞争优势与农村金融机构网点布局 [J]．西北农林科技大学学报（社会科学版），2012（6）：86－92．

[75] 王赫一，张屹山．两阶段 DEA 前沿面投影问题研究——兼对我国上市银行运营绩效进行评价 [J]．中国管理科学，2012，20（2）：114－120．

[76] 王李，侯景波．我国村镇银行经营风险管理研究——以泰华农民银行小微金融为例 [J]．金融与经济，2010（10）：19－21．

[77] 王擎，吴玮，黄娟．城市商业银行跨区域经营：信贷扩张、风险水平及银行绩效 [J]．金融研究，2012（1）：141－153．

[78] 王曙光．产权和治理结构约束、隐性担保与村镇银行信贷行为 [J]．经济体制改革，2009（3）：76－79．

[79] 王曙光，王东宾．村镇银行的定位与挑战 [J]．中国金融，2015（23）：37－39．

[80] 王苏，苏小松，何广文．基于 DEA 模型的公益性小额信贷机构效率比较分析 [J]．农村金融研究，2013（10）：63－68．

[81] 王一平．基于 EVA 的中国上市商业银行经营绩效评价及其驱动因素实证研究 [J]．经济问题，2011（9）：105－109．

[82] 魏煌，王丽．中国商业银行效率研究：一种非参数的分析 [J]．金融研究，2000（3）：88－96．

[83] 温耀宗．基于 DEA 模型对村镇银行经营效率的研究——以甘肃省为例 [J]．西部金融，2015（3）：51－55．

[84] 吴少新，李建华，许传华．基于 DEA 超效率模型的村镇银行经营效率研究 [J]．财贸经济，2009（12）：45－49．

[85] 吴玉宇，苏航．中国村镇银行经营绩效及其因子分析——基于长沙银行控股的 3 家村镇银行的数据 [J]．湖南农业大学学报（社会科学版），2017，18（2）：88－93．

[86] 武仙鹤．包商银行创新村镇银行服务管理模式的实践和思考 [J]．北方金融，2014（10）：63－67．

[87] 谢平，徐忠，沈明高．农村信用社改革绩效评价 [J]．金融研究，2006（1）：27－39．

[88] 邢道均，叶依广．农村小额贷款公司缓解农村中小企业正规信贷约束了吗？——基于苏北五市的调查研究 [J]．农业经济问题，2011，32（8）：61－69．

[89] 熊德平,陆智强,李红玉. 农村金融供给、主发起行跨区经营与村镇银行网点数量——基于中国 865 家村镇银行数据的实证分析 [J]. 中国农村经济,2017 (4):30-45.

[90] 徐临,郭亚涛,李吉栋. 基于 AHP-DEA 模型的小额贷款公司风险评价研究 [J]. 农村金融研究,2017 (3):31-34.

[91] 徐淑芳,余楚楚. 我国村镇银行的财务效率影响因素研究——基于宏观经济环境视角 [J]. 宏观经济研究,2016 (5):119-127.

[92] 徐瑜青,周吉帅,刘冬. 村镇银行问题调查与研究 [J]. 农村经济,2009 (4):55-59.

[93] 雅荣,本杰明,皮普雷克. 农村金融问题、设计和最佳做法 [OL]. 中国农村金融研讨会 http://forum50. cei. gov. cn/newwork/cyfx_wtj_20010060704. htm,2002.9.18.

[94] 杨虎锋,何广文. 小额贷款公司经营有效率吗——基于 42 家小额贷款公司数据的分析 [J]. 财经科学,2011,(12):28-36.

[95] 杨世伟. 基于 DEA 模型的村镇银行经营效率研究——来自贵州省安顺市辖内样本村镇银行的考察 [J]. 西部金融,2017 (7):55-58.

[96] 杨学锋. 中国商业银行评价体系研究 [D]. 武汉华中科技大学,2006:20-53.

[97] 于转利,罗剑朝. 小额信贷机构的全要素生产率——基于 30 家小额信贷机构的实证分析 [J]. 金融论坛,2011,16 (6):32-39.

[98] 曾刚,李广子. 我国村镇银行的绩效及其影响因素 [J]. 农村金融研究,2011 (11):72-77.

[99] 曾薇,陈收,周忠宝. 金融监管对商业银行产品创新影响——基于两阶段 DEA 模型的研究 [J]. 中国管理科学,2016,24 (5):1-7.

[100] 张启平. 基于 DEA 方法的银行业经营效率评价研究 [J]. 浙江金融,2010 (4):29-30.

[101] 张庆亮. 农村民营金融:发展逻辑、成长可能性与制度保障 [J]. 中国软科学,2005 (4).

[102] 张少林. 基于股东行为特征的城市商业银行经营绩效实证分析及结论 [J]. 金融经济,2007 (20):144-145.

[103] 张珍洁. 基于 PEST 分析的黑龙江省村镇银行研究 [D]. 哈尔滨:东北农业大学,2014:18-22.

［104］赵丙奇，杨丽娜. 村镇银行绩效评价研究——以浙江省长兴联合村镇银行为例［J］. 农业经济问题，2013，34（8）：56 – 61 +111.

［105］赵雪梅. 小额贷款公司运营效率及其影响因素实证分析——以甘肃省为例［J］. 西北师大学报（社会科学版），2015，52（4）：139 – 144.

［106］赵志刚，巴曙松. 我国村镇银行的发展困境与政策建议［J］. 新金融，2011（1）：40 – 44.

［107］郑淑霞. 中国商业银行绩效评价理论研究［J］. 2014（1）：108 – 110.

［108］中国人民银行农村金融服务研究小组. 2014 中国农村金融服务报告［M］. 北京：中国金融出版社，2015：7 – 12.

［109］中国人民银行天津分行. 2015 天津市金融运行报告［R］. 2016：1 – 2.

［110］中国统计局. 2015 中国统计年鉴［M］. 北京：中国统计出版社，2015：102 – 103.

［111］周逢民，张会元，周海，孙佰清. 基于两阶段关联 DEA 模型的我国商业银行效率评价［J］. 金融研究，2010（11）：169 – 179.

［112］周国富，胡慧敏. 金融效率评价指标体系研究［J］. 金融理论与实践，2007（8）：15 – 18.

［113］周月书，李扬. 农村小额贷款公司对农村小微企业正规信贷配给的影响分析——基于苏北农村小微企业的调查［J］. 中国农村经济，2013（7）：85 – 96.

［114］朱建平，陈民恳. 面板数据的聚类分析及其应用［J］. 统计研究，2007（4）：11 – 14.

［115］朱南，吴中. 东中西部农村商业银行竞争力比较研究［J］. 金融论坛，2012（6）：39 – 49.

［116］朱南，卓贤，董屹. 关于我国国有商业银行效率的实证分析与改革策略［J］. 管理世界，2004（2）：18 – 26.

［117］庄霄威，长青. 商业银行经营绩效评价研究［J］. 经济研究导刊，2011（11）：105 – 107.

［118］Alhadeff. Monopoly and Competition in Banking［J］. Berkeley：University of California Press，1954.

［119］Allen N. Beger，Iftekhan Harsan，Leora F. Klapper. Journal of Financial Services Research [J]. Kluwer Academic Publishers, 2004: 64.

[120] Allen N. Berger, Iftekhar Harsan, Leora F. Klapper. Further Evidence on the Link between Finance and Growth: An International Analysis of Community Banking and Economic Performance [J]. Journal of Financial Services Research, 2004, 25: 169 – 202.

[121] Allen N. Berger, Loretta J. What Explains Differences in the efficiencies of Financial Institutions [J]. Journal of Banking and Finance, 1997 (21): 195 – 230.

[122] Andrew Levin, Chen-Fu Lin, Chia-Shang James Chu. Unit root tests in panel data: asymptotic and finite-sample properties [J]. Journal of Econometrics, 2003, 115: 53 – 74.

[123] Angelito Acupan, Frank W. Agbola, Amir Mahmood. Does microfinance reduce poverty? New evidence from Northeastern Mindanao, the Philippines [J]. Journal of Rural Studies, 2016.

[124] Arranz F. , Sanchez-Chaves M. Functionalization of amylose with chloroacetate groups and their derivation withnaphthylacetic acid. Heterogeneous hydrolytic behaviour of the resulting adducts [J]. Reactive & Functional Polymers, 1995, 28 (1): 69 – 74.

[125] Arshadi N. , Lawrence E. C. An Empirical Investigation of New Bank Performance [J]. Journal of Banking and Finance, 1987 (11): 33 – 48.

[126] Balázs István Tóth. Regional economic resilience: concepts, empirics and a critical review [J]. Miscellanea Geographica, 2015, 19 (3).

[127] Bassett, W. F. & Brady, T. F. The Economic Performance of Small Banks, 1985 – 2000 [J]. Federal Reserve Bulletin, 2001, 12.

[128] Ben Soltane Bassem. Efficiency of Microfinance Institutions in the Mediterranean An Application of DEA [J]. Transition Studies Review, 2008, (15): 343 – 354.

[129] Benston. Economis of scale and marginal costs in banking Operation. National Banking Review, 1965 (2): 507 – 49.

[130] Benston, Hanweck and Humphrey. Scale Economies in Banking: A Restructuring and Reassessment [J]. Journal of Money, Credit and Banking, 1981 (14): 435 – 456.

[131] Bonin J. P. , Hasan I. , Wachtel P. Bank Performance, Efficiency and Ownership in Transition Countries [J]. Journal of Banking &Finance, 2005 (1): 31 –53.

[132] Charnes, W. W. Cooper and E. Rhodes. Measuring Efficiency of Decision Making Units [J]. European Journal of Operations Research, 1978, 2, 429 –444.

[133] Chen Y. Measuring super-efficiency in DEA in the presence of infeasibility [J]. European Journal of Operational Research. 2005, 161 (2): 545 –551.

[134] Chiang Kao, Shiuh-Nan Hwang. Efficiency decomposition in two-stage data envelopment analysis: An application to non-life insurance companies in Taiwan [J]. European Journal of Operational Research, 2007 (1).

[135] Ching-Ren Chiu, Kuo-Hsien Lu, Seng-Su Tsang, Yi-Fen Chen. Decomposition of meta-frontier inefficiency in the two-stage network directional distance. function with quasi-fixed inputs [J]. International Transactions in Operational, 2013 (4).

[136] Collier H. W. , Mcgowan C. B. and Muhammad J. Financial analysis of financial institutions in an evolving environment [J]. Faculty of Commerce-papers, 2006 (8): 105 –114.

[137] David A. G. , Vlad M. Determinants of Commercial Bank Performance in Transition: An Application of Data Envelopment Analysis [J]. Comparative Economic Studies, 2006 (11): 48 –53.

[138] DF Amel, RA Prager. Review of Industrial Organization [J]. 2016, 48 (2): 1 –32.

[139] Donald R. Fraser, Peter S. Rose. Bank Entry and Bank Performance [J]. The Journal of Finance, 1972 (1): 65 –78.

[140] Farrell M. J. The measurement of productive efficiency [J]. Journal of the Royal Statistical Society, 1957 (3): 377 –391.

[141] Gebremichael B. Z. , Gessesse H. T. Technical efficiency of microfinance institutions (MFIs): does ownershipmatter? Evidence from African MFIs [J]. International Journal of Development Issues, 2016, 15 (3): 224 –239.

[142] George Owusu. The Role of Small Towns in Regional Development and Poverty Reduction inGhana [J]. Wiley Blackwell in its journal International Journal

of Urban and RegionalResearch, 2008, 32 (2): 453 –472.

[143] Gordana Popovic, Milan Martic. Two-stage DEA use for assessing effi-ciency and effectiveness of micro-loan programme [J]. The 7th Balkan Conference on Operational Research, 2005, (5).

[144] Guitierrez-Nietoetal. Microfinance institutions and efficiency [J]. The International Journal of Management Science, 2007, 35 (2): 131 –142.

[145] Haq M, Skully M, Pathan S. Efficiency of microfinance institutions: A data envelopment analysis [J]. Asia-Pacific Financial Markets, 2010, 17 (1): 63 –97.

[146] Hassan K. M. , Sanchez B. Efficiency Analysis of Microfinance Institu-tions in Developing Countries [J]. Ssrn Electronic Journal, 2009, 83 (3): 446 – 456.

[147] H. D. Sherman and F. Gold. Bank Branch Operating Efficiency: Eval-uationwith DataEnvelopment Analysis [J]. Journal of Banking an d Finance, 9 (2), 297 –315.

[148] HemantDeo, Helen Irvine. Power and knowledge in the Agricultural Lending Division of the Fiji Development Bank [J]. Asian Review of Accounting, 2006, 14 (1): 50 –67.

[149] Hughes J. P. , Mester L. J. , Moon C. G. Are scale economies in bank-ing elusive or illusive: Evidence obtained by incorporating capital structure and risk-taking into model of bank production [J]. Journal of Banking and Finance, 2001 (25): 2169 –2208.

[150] Huixia Cheng, Wentai Wu. Governance Research of Chinese Rural Finance Exclusion Based on Peasant Survey [J]. American Journal of Industrial and Business Management, 2014, 4 (10).

[151] IFAD. Double-edged sword? Efficiency vs equity in lending to the poor. IFAD's thematic study on rural finance in China [J]. Evaluation Profile, 2002 (3).

[152] Kao C. , Hwang S. Efficiency decompositionin two-stage data envelop-ment analysis: An application to non-life insurance companies in Taiwan [J]. Eu-ropean Journal of Operational Research. 2008, 185 (1): 418 –429.

[153] Khan Z. , Sulaiman J. Socialand Financial Efficiency of Microfinance In-

stitutions in Pakistan [J]. Pakistan Development Review, 2016, 54 (4): 389 –403.

[154] Klein and Saidenberg. 2000. Organization Structure and the Diversification Discount Evidence from Commercial Banking [J]. The Journal of Industrial Economics, 2010 (1): 127 –155.

[155] Kunt D. , Huizings H. Determinants of Commercial Bank Interest Margins and Profitability: Some international Evidence [J]. The World Bank Economic Review, 1999 (13): 108 –156.

[156] Kyung So Im, Hashem M esaran, Yongcheol Shin. Testing for unit room in heterogeneous panels [J]. Journal of Econometrics, 2003, 115: 53 –74.

[157] Liang L. , Wu J. , Cook W. D. , Zhu J. Alternative secondary goals in DEA cross-efficiency evaluation [J]. International Journal of Production Economics. 2008, 113 (2): 1025 –1030.

[158] Nawaz A. Efficiency and Productivity of Microfinance: Incorporating the Role of Subsidies [J]. Working Papers Ceb, 2010, 3 (1): 59.

[159] Nghiem H. S. , Coelli T. J. , Rao D. S. P. The efficiency of microfinance in Vietnam: Evidence from NGO schemes in the north and the central regions [J]. International Journal of Environmental, Cultural, Economic and Social Sustainability, 2006, 2 (5): 71 –78.

[160] Oberholzer M. , Westhuizen GVD and Rooyen SV. The influence of banks' internal performance on market performance: a non-parametric approach [J]. Southern African Business Review, 2010 (14): 65 –89.

[161] Pasiouras F. Estimating the technical and scale efficiency of Greek commercial banks: The impact of credit risk, off balance sheet activities, and international operations [J]. Research in international Business and Finance, 2006, (3): 301 –318.

[162] P. Mosley. Microfinance and Poverty in Bolivia [J]. Journal of Development Studies, 2001, 374.

[163] Qayyum A. , Ahmad M. Efficiency and Sustainability of Micro Finance [J]. Mpra Paper, 2006, 11674: 1 –37.

[164] Robert Deyoung, William C Hunter, Gregory F Udell. The Past, Present, and Probably Future for Community Banks [J]. Journal of Financial Services Research, 2004 (25): 85 –133.

[165] Rural Financial Development and Rural Economic Efficiency Improvement Based on Granger Causality Test [J]. Asian Agricultural Research, 2010, 2 (6): 9 – 13.

[166] S. Barat, J. E. Spillan. An Exploratory Study of Customer Satisfaction in a Community Bank [J]. International Journal of Customer Relationship Marketing & Management, 2014, 3 (3): 15 – 32.

[167] Seiford L. M. , Zhu J. Profitability and Marketability of the Top 55 U. S. Commercial Banks [J]. Management Science. 1999, 45 (9): 1270 – 1288.

[168] Sexton T R, Silkman R H, Hogan A J. Data envelopment analysis: critique and extensions [J]. New Directions for Program Evaluation, 1986, (32): 73 – 105.

[169] S. I. Orewa. Designing Agricultural Development Projects for the Small Scale Farmers: Some Lessons from the World Bank Assistance Small Holder Oil Palm Development Scheme in Nigeria [J]. Journal of Applied Sciences, 2008, 8 (2): 295.

[170] Stiglitz, J. E. The Role of the State in Finance Makets. The World Bank Economic Review, 1994: 8.

[171] Sueyoshi T. Stochastic frontier production analysis: Measuring performance of public telecommunication in 24 OCED counties [J]. European Journal of Operational Research, 2005 (74): 110 – 118.

[172] Wang C. H. , Copal R. , Zionts S. , Use of Data Envelopment Analysis in Assessing Information Technology Impact on Firm Performance [J]. Annals of operations Research, 1997, 23: 73 – 91.

[173] Wells D. A. McKinnon, Ronald I. Money and Capital in Economic Development, Washington, D. C. The Brookings Institution, 1973, xii + 184 pp. ($7. 50) [J]. American Journal of Agricultural Economics, 1974 (1).

[174] Wijesiri M, Vigano L, Meoli M. Efficiency of microfinance institutions in Sri Lanka: a two-stage double bootstrap DEA approach [J]. Economic Modelling, 2015, 47: 74 – 83.

[175] Wijesiri M. , Yaron J. , Meoli M. Assessing financial and outreach efficiency of Microfinance Institutions. Do age and size matter? [J]. Journal of Multinational Financial Management, 2017, 6 (40): 63 – 76.

[176] William Keeton. The role of community banks in the U. S. Economy [J]. Federal Reserve Bank of Kansas City in its journal Economic Review, 2003 (2): 15 –43.

[177] Yaron, Jacob etc. Rarul Finance-Issue, Design, and Best Practices [OL]. The World Bank, 1997.

[178] Yaron, Jacob. Successful Rural Finance Institution [M]. Washington: World Bank Discussion Paper, 1992: 150.